사 　 람 　 은

왜

알고 싶어 할까

사람은 왜
02 앎

사람은 왜

채운 지음

알고 싶어 할까

낮은산

사람은 왜 알고 싶어 할까

　우리는 인간이 지구 상에서 가장 많은 것을 알고 있다고 믿고, 점점 더 많은 것을 알아 가고 있다고 우쭐댑니다. 뭐 하나 내세울 것 없는 허약한 신체를 갖고서도 '지구의 지배자'를 자처할 수 있는 것 역시 '우리는 안다'는 자신감 때문일 겁니다. 우리는 동물이나 식물이, 아니면 곤충이나 미생물이 인간과 세계에 대해 뭘 알 거라고 생각하지 않으니까요. 그래서 인간은 터무니없는 임무를 스스로에게 부과합니다. 자연을 아낀다, 동물을 보살핀다, 지구를 지킨다, 같은 식으로요. 그러나, 이거야말로 '미션 임파서블'입니다. 인간은 지구에서 살아가는 하나의 종에 불과합니다. 인간만이 이러저러한 걸 할 수 있다며 뻐기지만, 그 할 수 있는 것 말고는 사실 아무것도 할 수 없지요. 게다가 인간만이 할 수 있다는 것도, 사실 다른 유기물이나 무기물의 도움을 받지 않고서는 모두 불가능한 것들입니다. 지진이 나거나 큰 홍수가 나면, 우리가 자랑하는 최첨단 테크놀로지도 아무런 쓸모가 없어집니다. 말 그대로 '블랙아웃', 암흑인 거죠. 설령 인류가 멸망한다 한들, 그건 인류의 멸망일 뿐이지 다른 종의 멸망은, 더구나 지구의 멸망은 아닙니다.

 사실, 이 거대한 우주를 가득 채운 이른바 '암흑물질'에 대해서 인간은 아는 게 거의 없다고 합니다. 말이 '암흑물질'이지, '모르는 물질'이라는 뜻인 셈이죠. 게다가 저 바다 밑 어둠 중에서 인간이 아는 건 고작 10억 분의 1 정도 밖에는 안 된다니, 우리는 우리가 살아가는 이 땅, 이 물, 이 하늘에 대해 아는 게 거의 없는 거죠. 아주 작은 것에 대해서도 마찬가지입니다. 지구 상의 모든 생물자원 중 80퍼센트를 차지하는 것이 미생물이라는데, 우리는 그 '작은 것들'에 대해서도 아는 게 별로 없습니다. 저 빈 허공에도, 잔잔한 호수에도 수없이 많은 것들이 꿈틀거리고 있건만, 우리 눈에 보이지 않고 알 수도 없는 것에 대해서는 '없다'고 여기는 거죠. 인간이 자부하는 지식이란 겨우 이 정도에 불과합니다. 모르는 거 다 빼고 자기가 아는 것만 가지고서 '이게 세상이다'라고 우기는 꼴이랄까요.

 인간의 감각 능력은 어떨까요? 「4분 33초」라는 곡으로 유명한 존 케이지(John Cage, 1912-1992)가 하버드 대학의 무향실(無響室)에서 아주 흥미로운 경험을 하게 됩니다. 완벽하게 소리가 차단된 공간이 분명한데, 두 가지 소리가 들리더라는 겁니다. 높은 소리와 낮은 소리. 알고 보니, 높은 소리는 자신의 신경계가 돌아가는 소리요, 낮은 소리는 혈액이 순환하는 소리였다고 합니다. 오호라! 이 세계는 소리로 가득 차 있구나! 이게 존 케이지의 깨달음이었습니다. 인간이 들을 수 없다고 소리가 없는 게 아니고, 인간에게 시끄럽다고 다 소음인 건 아닙니다. 우리는 대략 20~20,000㎐ 정도의 소리를 들을 수 있을 뿐이지만, 곤충은 60,000㎐의 초음파를 감지한다고 하죠. 존 케이지의 깨달음대로, 이 세계는 우리가 모르는 온갖 소리들로 가득 차 있습니다. 소리뿐이겠어요? 우리에게 보이지 않는 색들, 우리가 감지하지 못하는 진동들, 우리가 느끼지 못하는 맛들이 이 우주에 가득할 겁니다.

이처럼, 우리가 인식하고 감각하는 것은 세계의 아주 작은 단편에 불과합니다. 이 세계에 대해 우리가 '알고 있다'고 믿는 것이 실은 우리가 모르는 것들 위에 놓인 작은 섬에 불과하다는 얘기입니다. 그래서 우리에겐 질문이 필요합니다. 나는 대체 무엇을 아는가?

프랑스 사상가 몽테뉴(Michel Eyquem de Montaigne, 1533~1592)는 '나는 무엇을 아는가'라는 질문을 평생의 화두로 삼았습니다. 자신이 여행한 지역의 낯선 사람들과 그들의 문화는 물론, 자신이 살고 있는 시대의 가치, 법의 판단력, 국가와 종교, 심지어 신장결석증이 가져다주는 육체의 고통까지, 모든 것을 회의(懷疑)하고 다시 생각했죠. 몽테뉴는 '찾아냈다'거나 '찾을 수 없다'고 말하기보다는 '아직 찾고 있다'고 말하는 사람이었습니다. 그는 말합니다. "무지의 자각이야말로 판단력을 갖추고 있다는 가장 아름답고 확실한 증거라고 생각한다." 그래서 그는 기존의 판단을 되묻고, '확실하다'고 여기는 것을 의심하면서 끊임없이 자신을 실험합니다. "한번 시험해 보자(Try)!" 몽테뉴의 『수상록(Essais)』은 바로 그런 '사고 실험(essais)'의 보고서인 것이죠.

인간은 작고 하찮습니다. 지구를 구할 능력은커녕 자신을 구할 능력도 없는 게 인간이죠. 우리의 앎이 개미나 소나무, 독수리의 앎보다 더 정확하거나 우월하다고 말할 수 있는 근거도 없고요. 하지만 바로 그렇기 때문에 우리는 알고 싶어 합니다. 충분히 무지하기 때문에, 우리가 세계의 전부가 아니기 때문에, 가장 작은 것에서 가장 큰 것에 이르는 그 모두와 함께 살아가고 있기 때문에, 우리는 알아야 합니다. 알고 싶어 합니다. 그리하여 나 자신에 이르고, 사랑하는 이에게 이르고, 나를 넘어 저 하늘에, 저 바다에 이르기 위해. 자, 준비 되셨나요? 한번 시험해 봅시다! Let's Try!

2015년 1월

채운

| 차례 |

나는 누구인가,
여기는 어디인가
안다는 것(知)과
모른다는 것(無知)
진실 '그리고'
거짓
내가 보는 '그것'은
정말 '그것'일까
불행 속에서
살아가는 법

01

앎과
나

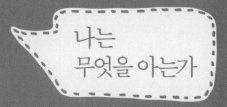

나는
무엇을 아는가

🦋 나는 누구인가, 여기는 어디인가 장자의 꿈과 몽테뉴의 놀이

고양이를 좋아하세요? 전 고양이를 키워 본 적이 없습니다만, 고양이를 무척 좋아하는 제 친구 말에 따르면, 고양이라는 요~물은 사람을 가지고 논다네요. 어떤 짓을 해야 예쁨받을 수 있는지를 고양이처럼 영악하게 아는 동물은 없다지요. 그래서 고양이를 키우다 보면 자신이 고양이의 '밀당'에 놀아나고 있는 건 아닌가 싶을 때가 있답니다. 몽테뉴라는 철학자가 고양이랑 놀다가 꼭 이런 생각이 들었던 모양입니다. 내가 고양이와 노는 건가? 고양이가 나와 노는 건가? 우리는 흔히 이렇게 생각하죠. 나는 사람이고 고양이는 동물이다, 나에게는 사고 작용이 있고 고양이한테는 없다, 내가 주인이고 고양이는 주인의 소유물이다. 그러니까 당연히 내가 고양이와 놀아 주는 거다! 그런데 몽테뉴는 문득 의심이 든 모양입니다. 그게 사실일까? 어쩌면 인간의 착각이 아닐까?

모든 생명체는 저마다의 감각과 지각 기관을 가지고 있어서 자신이 보고 느끼는 바에 따라서 세계를 구성합니다. 예컨대 거미줄을 타고 전해지는 미묘한 진동에 반응하는 거미에게 세계란 내 몸을 진동시키는 '먹잇감'들과 '적'들로 이루어진다고 할 수 있습니다. 고양이도 분명 고양이 나름대로 인간을 구별하고, 벌어지는 일들을 지각하고 판단한 상태에서 행동하겠지요. 하지만 그건 인간이 생각하고 판단한 것과는 분명 다를 겁니다. 나는 내가 고양이를 소유하고 놀아 주고 때로는 엄마처럼 돌봐 준다고 생각하지만, 그건 어디까지나 인간인 내 생각일 뿐입니다. 고양이가 생각을 할 수 있다면, 지금 이 상황을 대체 뭐라고 할까요? '내가 언제까지 저 인간이랑 놀아 줘야 하는 거지?'라고 생각하지 말란 법 있나요? 몽테뉴 말마따나, "내가 고양이를 데리고 놀 때, 사실은 고양이가 나를 데리고 노는 것이 아니라고 어떻게 장담할 수 있는가?" 하는 것이지요. 자, 알쏭달쏭하지요? 내친김에 조금 더 얘기해 봅시다.

장자(莊子, 기원전 369~기원전 289?)라는 전국시대(戰國時代)의 사상가가 있습니다. 『장자』라는 책은 총 33편으로 이루어졌는데, 커다란 물고기 '곤(鯤)'이 커다란 새 '붕(鵬)'이 되는 초현실적인 이야기 「소요유(逍遙遊)」를 시작으로, 이어지는 두 번째 편명(篇名)은 「제물론(齊物論)」입니다. 「제물론」을 관통하는 핵심은 인간의 인식과 판단에 대한 질문입니다. 흑과 백, 옳음과 그름, 이것과 저것이라는 판단은 절대적

일 수 없다는 사실을 논한 끝에 장자는 '나비의 꿈(호접몽, 胡蝶夢)'이
라는 몽환적 이야기로 이 편을 마무리합니다.

> 언제인가 장주는 나비가 된 꿈을 꾸었다. 훨훨 날아다니는 나비가
> 된 채 유쾌하게 즐기면서도 자기가 장주라는 것을 깨닫지 못했다. 그러
> 나 문득 깨어나 보니 틀림없이 장주가 아닌가. 도대체 장주가 꿈에 나비
> 가 된 것일까. 아니면, 나비가 꿈에 장주가 된 것일까. 장주와 나비는 틀
> 림없이 구별이 있다. 그러나 절대적 차별이 없으므로 이를 물화(物化)라
> 한다.
>
> ─ 『장자』 중 「제물론」에서

현실은 현실, 꿈은 꿈! 나는 나, 나비는 나비! 추호도 의심할 수 없
을 것 같은 이 확실성을 장자는 근본적으로 의심하고 있습니다. 겉보
기엔 달라도, 나비와 장주는 절대적으로 구분되는 존재가 아니라 서
로가 변화한 것이라는 얘깁니다.

꿈이 현실보다 더 생생할 때가 있죠? 반대로 현실이 꿈처럼 몽롱
할 때도 있습니다. 이뿐이 아니죠. 같은 현장에서 같은 사건을 겪었는
데도 지나고 나서 얘길 해 보면 기억이 전혀 다르기도 하고, 똑같은
장면을 보고도 해석이 엇갈리죠. 내 입장에서는 내가 맞고 상
대는 틀린 게 분명한데, 상대편에서 자기가 맞고 너는 틀

도대체 장주가 꿈에 나비가 된 것일까.
아니면, 나비가 꿈에 장주가 된 것일까.

렸다고 하면, 그야말로 '미치고 환장할 노릇'이 아닐 수 없습니다. 하지만 이 중에 어느 쪽이 확실하다고는 장담할 수 없습니다. 우리가 '안다'는 게 원래 그렇거든요.

그러면 이제 본격적으로 '안다는 것'에 대해 얘기해 볼까요? 안다는 건 대체 뭘까요? 누군가로부터 충고를 듣게 되면 흔히들 그럽니다.

"니가 나에 대해 뭘 안다고 그래?"

그런데 우리가 누군가에게 충고할 입장이 되면, 이번에는 마치 상대에 대해 다 알고 있다는 듯이 이렇게 말합니다.

"넌 그게 문제야!"

상대는 모르고 나는 아는 그 '앎'이란 건 뭘까요? 누군가에 대해 내가 안다고 생각할 때, 그 '앎'은 또 뭘까요? 부모는 자식을, 자식은 부모를 안다고 생각하고, 연인이나 친구도 서로를 잘 안다고 생각하지만, 사실 어떤 문제가 생겼을 때 우리는 서로에 대해 아는 게 하나도 없는 것 같은 '멘탈의 백지화' 상태를 경험합니다. 자신에 대해서도 마찬가지지요. 자기가 자기를 잘 안다고 생각하지만, 정작 우리는 자신에 대해 완벽하게 무지합니다. 실제로, 거울이라는 매개 없이는, 그나마도 좌우가 뒤집힌 채로 밖에는 우리 자신을 볼 수 없지요. 내 모습, 내가 하는 행위도 볼 수 없는데, 내가 나를 안다구요?

더 쉬운 얘기를 해 볼까요? 자, 내 앞에 사과가 있습니다. 빨갛고 둥그렇게 생긴, 먹음직스런 사과입니다. 빨간색, 둥근 모양, 새콤달콤한

향을 통해 '저것은 사과다'라고 내가 인지한 순간 입에 침이 고입니다. 그런데 말이죠, 그게 정말 사과일까요? 내가 '사과'라고 판단한 건 빨갛고 둥글고 향이 난다는 사실을 통해서인데, 그걸 어떻게 확신하죠? 맹인이나 색맹에게는 빨갛고 둥근 게 아닐 테고, 감기가 든 상태라면 새콤달콤한 향이 날 리 없지요. 그건 '예외적인' 경우라구요? 아니죠. 눈, 코, 입, 귀가 '정상'인 사람들도 빛이 없다면 빨갛다는 걸 알 수 없고, 손에 감각이 없다면 둥글다는 걸 알 수 없으며, 지독한 악취가 나는 곳에서는 새콤한 향도 나지 않을 겁니다. 심지어 동물이나 곤충들에겐 사과가 전혀 다르게 감각될 겁니다. 그들에겐 사과가 하나도 먹음직스럽지 않을 수도 있고, 우리의 판단 기준과는 전혀 다른 기준이 있을 수도 있겠지요. 어떤 곤충에게는 넘어야 할 언덕일 수도, 어떤 동물에게는 굴러다니는 공깃돌일 수도 있을 테고, 아마 어떤 생명체에겐 그런 게 있는지 눈에 띄지도 않을 겁니다. 이런데도 나는 '사과를 안다'고 할 수 있을까요?

아니면 이렇게 주장할 수도 있을 겁니다. 사과의 생태와 효능, 즉 사과나무가 어떻게 생겼고, 어떤 과정을 거쳐 열매가 열리고, 언제 수확하고, 성분이 뭐고, 성분의 효과가 뭔지를 알아야 진짜 아는 거라구요. 그렇다면 과수원의 농부나 과학자만 '사과를 안다'고 해야 할까요? 이것도 이상합니다. 사람들은 사과가 뭔지 '아니까' 사과 잼을 만들고, 사과 파이를 만들고, 사과 주스를 만들고, 게다가 한 입 베어

내가 '사과'라고 판단한 건 빨갛고
둥글고 향이 난다는
사실을 통해서인데,
그걸 어떻게 확신하죠?

문 모양을 가지고 회사의 로고까지 만드는 게 아니겠어요? 아, 헷갈립니다. 대체 '안다'는 건 뭘까요? 왜 이렇게 앎들이 다른 걸까요? 이 중에 '진짜'라는 게 있을까요? '우리는 왜 알려고 하는가'라는 문제를 풀려면 이 문제부터 풀지 않으면 안 됩니다.

우리는 무엇을 아는가? 이 질문에 답하려면, 먼저 우리가 알고 있다고 생각하는 것들을 의심하지 않으면 안 됩니다.

내가 알고 있다고 생각하는 그것(대상), 앎의 주인이라고 생각하는 나(주체), 그리고 내가 감각하고 지각하고 판단하는 그 모든 과정을 처음부터 다시 질문해야 한다는 거죠. '누가 봐도' 이것, '누가 봐도' 저것이라고 딱 잘라 말할 수 있는 건 세상에 없습니다. 모든 건 특정한 조건 속에서만 이러저러하게 존재하기 때문입니다. 빛이 있을 때만 사과는 빨갛고, 인간과 함께 있을 때만 그것은 '과일'이며, 사고파는 이가 있을 때는 '상품'이 됩니다. 백설공주에게 사과는 마녀가 건넨 '독'이요, 채 익기도 전에 땅에 떨어져 썩고 벌레 먹게 되면 그냥 그건 악취 나는 '오물'일 뿐이지요. 사과의 상태, 우리의 상태, 사과와 우리가 놓인 조건에 따라 사과에 대한 앎은 이렇게 달라집니다. 그러니, 우리가 고양이와 놀아 준다는 건 정말 완전한 우리의 착각이라고 할 수 있는 거죠. 지금 '이 현실'만 진짜고 나머진 다 가짜라고 주장할 수 있는 확실한 근거도 없습니다.

우리는 머릿속에서 한 번도 가 보지 않은 곳을 상상하고, 인터넷을 통해 '가상'을 진짜처럼 느낍니다. 게이머들이 그게 다 '가짜'라고 생각했다면 누가 게임에 중독되겠어요? 그게 현실이라고 느끼니까 몰입하게 되고, 몰입할수록 더욱 더 현실적이 되는 거지요. 몸을 조금만 움직여도 조금 전에 보이던 것과는 다르게 보이고 안 보이던 것들이 보이는가 하면, 똑같은 음식을 먹다가도 기분이 달라지면 음식 맛이 달라지는 걸 우리는 종종 경험합니다.

이쯤 되면, 정말 우리가 아는 건 하나도 없는 것 같지요? 네, 그렇습니다. 우리는 알지만, 사실 잘 모릅니다. 그래서 알려고 하는 거지요. 세상에 존재하는 것들이 확실한 것들로만 이루어져 있다면, 그래서 일단 알고 난 후에 그 앎을 적용하기만 하면 된다면, 갈등은 왜 생기고, 후회는 왜 하며, 허무하다든지 억울하다든지 하는 감정이 왜 생기겠어요? 세상에 존재하는 것들은 모두 다르게 감각하고 다른 식으로 앎을 구성하며, 이걸 바탕으로 각자 다르게 판단합니다. 게다가 존재하는 것들이 늘 똑같은 상태로 존재하는 것도 아니지요. 몸도 마음도 시시각각 변화무쌍하게 변합니다. 하다못해, 열 살짜리들도 이렇게 말하지 않습니까? "난 일곱 살짜리 꼬마가 아니라구!" 맞습니다. 누구도 예전의 자신이 아닙니다. 세상도 예전의 그 세상이 아니구요. 우리가 참 혹은 거짓이라고 알고 있는 것도 언제 어디서나 통하는 게 아닙니다. 그래서 인간은 알려고 하지요. 안다고 생각했는데 그게 아니라는 걸 알게 되니까, 한번 알았다고 영원히 아는 게 아니니까 알려고 하는 것이지요. 알쏭달쏭합니다.

자, 이제 본격적으로 시작해 볼까요. 우리는 왜 알고 싶어 하는 걸까요? 우리는 대체 무엇을 아는 걸까요? 안다는 건 정말 뭘까요?

❈ 내가 보는 '그것'은 정말 '그것'일까 세상은 나의 앎을 배반한다

하나. 두 사람이 밤길을 가다 길고 물컹한 무언가를 밟았습니다. 한 사람이 소스라치게 놀라며 뒷걸음질칩니다. "으악, 뱀이다!" 옆 사람도 덩달아 도망치다가 문득 뒤를 돌아 찬찬히 보니 그 뱀이 미동도 않고 가만히 있는 게 아니겠어요? 그래서 조심스레 다가가 쿡쿡 건드려 봤더니 그건 뱀이 아니라 새끼줄이었습니다. 새끼줄을 가지고 그리 호들갑을 떨어 댄 자신들이 잠시 뻘쭘해집니다.

둘. 중국 유학길에 오른 두 스님이 동굴에서 자다가 한밤중에 목이 말라 근처 바가지에 담긴 물을 벌컥 들이켰습니다. 꿀맛이었지요. 그러나 다음 날 아침, 그 물의 정체가 해골 썩은 물인 것을 알고는 구토를 하고 말았습니다. 뭐지? 어제 그렇게 맛있게 들이켜 놓고는, 해골 물인 걸 아는 순간 구토가 나다니?

셋. 숲 속에서 살인 사건이 벌어집니다. 피의자는 죽은 자의 아내와 도적, 목격자는 나무꾼입니다. 문제는 이 사건을 둘러싸고 저마다의 기억이 모두 다르다는 사실입니다. 도적은 여자를 얻기 위해 결투 끝에 자신이 죽였다고 하고, 아내는 남편과 실랑이를 벌이다 의식을 잃었는데 깨어나 보니 남편이 죽어 있었다고 하고, 나무꾼은 아내가 결투를 부추겨 두 사람이 싸우다가 남편이 죽었다고 합니다. 심지어 죽은 남편의 혼령은 아내의 배신을 견디지 못해 자결했다고 진술하는 겁니다. 이거, 같은 사건 맞습니까?

아마 한 번쯤은 들어 보았을 법한 이야기들일 겁니다. '새끼줄과 뱀' 이야기는 불경에서 흔히 나오는 비유고, 두 번째 얘기는 원효 스님의 유명한 일화지요. 세 번째는 구로사와 아키라의 영화 「라쇼몽(羅生門, 1950)」 이야기구요. 이 이야기들은 모두 우리의 앎에 대해 질문을 제기합니다. 우리는 무언가를 처음 마주쳤을 때, 이미 알고 있는 것으로 미루어 그것을 판단합니다. 뱀을 알지 못했다면 물컹하고 길쭉했더라도 뱀이라고 소리치며 도망가지 않았을 테지요. 어떤 상황인지도 중요합니다. 밤이 아니라 대낮이었다면 그처럼 놀라진 않았을 거예요. 자라 보고 놀란 가슴 솥뚜껑 보고 놀란다고 하듯이, 뱀에 크게 물린 경험이 있다면 더더욱 놀

랐을 거구요. 결국 무언가를 지각하거나 감각한다는 건 상황 의존적입니다. 즉 특정한 조건 속에서 무엇을 지각하거나 감각하고, 이를 바탕으로 사물을 판단하기 때문에, 그 조건이 사라지면 지각도 판단도 달라집니다.

원효 스님의 일화도 마찬가지지요. 밤에도 아침에도 바가지에 담긴 물의 정체가 썩은 해골 물이기는 매한가진데, 어째서 밤에는 시원하고 달콤했던 물이 아침이 되자 혐오스러운 오물로 돌변한 것일까요? 이런 경우는 우리도 흔히 경험합니다. 무엇인지 모를 때는 맛있게 먹었는데, 알고 보니 그게 이상한 동물이었다거나 자신이 싫어하는 음식이었다는 게 밝혀지면 갑자기 속이 메스꺼워지는 그런 경험 말입니다. 이런 걸 두고 불교에서는 '분별(分別)한다'고 합니다. 좋은 것과 나쁜 것, 맛이 있는 것과 없는 것 등등으로 대상에 대한 판단을 미리 정해 놓고는 그에 따라 감각하는 것이지요. '해골 물은 끔찍한 오물'이라는 분별이 작용한 순간 몸이 다르게 반응한 겁니다. 사정이 이렇다면, 명확한 지각과 감각을 가지고 대상을 정확히 판단하는 게 가능할까요?

「라쇼몽」의 경우는 문제가 더욱 복잡합니다. 같은 사건을 겪었지만 저마다의 진술 내용이 다른 건, 그들이 그 사건을 바라보는 욕망이 다르기 때문입니다. 영화를 보면, 도적은 자신이 멋진 무사로 보이기를 원했기 때문에 결투 끝에 정당하게 죽였음을 강조한 반면, 남편에게 존중받고 싶었던 아내는 남편이 자신을 경멸했음을 강조하면서 '피해자 모드'를 가동시킵니다. 죽은 남편은 자신의 명예를 위해 자결했다고 하고, 현장에서 단도를 훔친 나무꾼은 절도 사실을 감추기 위해 또다른 진술을 하지요. 핵심은 진범이 누구냐가 아니라 도대체 '객관적 사실'이라는 게 있을 수 있는가 하는 겁니다.

무언가를 '안다'는 것을 흔히 '인식한다'라고 합니다. 우리가 '대상'이라고 부르는 것과 그것에 대해 이미 내 안에 입력된 어떤 기억이 일치할 때, 대상을 인식했다고 하지요. 예를 들어, 눈앞에 새끼줄이 있다고 하면, 그걸 보는 순간 우리 몸과 정신의 정보

구로사와 아키라의 영화 「라쇼몽」 속 한 장면

망이 풀가동됩니다. 눈이 그것을 주시하자마자 그와 비슷한 것에 대한 정보들이 종합적으로 처리되지요. 그런데 정보가 애초에 입력될 때 모든 것이 고스란히 입력되는 게 아니라 욕망, 취향, 기질, 목적 등에 따라 특정한 방식으로 걸러진 채, 그러니까 각각의 방식으로 '가공 처리'되어 입력됩니다. 예컨대, 시장의 웅성거림 속에서 사기꾼, 정치인, 소설가가 길어 내는 말과 행동이 각기 다를 겁니다. 무수한 정보의 홍수 속에서 아이와 어른, 여자와 남자, 학생과 교사가 접속하는 길이 다를 거구요. 때문에 내가 아는 것이 곧 세계 그대로는 아닙니다. 우리가 지각하고 감각할 때, 그리고 직간접적으로 겪은 사실을 기록할 때, 우리는 이미 세계를 '해석'하고 있는 겁니다.

헤르메스라는 신을 아시나요? 제우스와 마이아(아틀라스의 딸) 사이에서 태어난 헤르메스는 태어나자마자 강보를 풀고 걸어 나와 50마리의 소 떼를 훔치는 과감한 비행을 저질렀죠. 게다가 그 소 떼는 바로 아폴론이 돌보는 불사의 소! 이게 끝이 아닙니다. 헤르메스는 자신의 행적을 감출 요량으로 소들의 꼬리를 잡고 뒷걸음질쳐 달아났기 때문에 아폴론의 수사망을 피할 수 있었습니다. 결국 아폴론에게 붙들리고 말았지만, 이 사건에서 보여 준 헤르메스의 비범한 재주로 인해 그는 제우스의 전령이 됩니다. 신과 인간, 혹은 신들 사이를 오가며 메시지를 전달하는 '메신저'가 된 것이지요. 주변에서도 친구들

사이를 오가며 소통을 주도하는 메신저들이 간혹 있습니다. 국가적으로 말하자면 외교관이랄 수도 있겠네요.

메신저의 역할이 뭘까요? 메시지를 '최대한' 잘 전달하는 것이겠지요. 영희를 짝사랑하는 철수는 고백도 못 하고 매일 애만 태우고 있습니다. 이때 동수가 사랑의 메신저로 나타나 영희에게 철수의 마음을 전합니다. "철수가 너 좋아한대!" 여러분이 영희라면 어떻게, 마음이 동하겠어요? "영희야, 철수 진짜 괜찮지 않니? 남자인 내가 봐도 참 멋진 것 같아. 근데 그 녀석이 요즘 좋아하는 사람 때문에 잠도 못 자고 밥도 못 먹는다더라. 은근 순정파 아니냐?" 그런 다음 슬쩍 그 '좋아하는 사람'이 영희임을 말해 주는 거죠. 이쯤 되어야 메신저라 할 만하죠. 철수가 진짜 순정파인지, 진짜 잠을 못 자고 밥을 못 먹는지는 그다지 중요하지 않습니다. 철수가 영희를 좋아하는 마음을 최대한 잘 해석해서 전달해 주는 것, 그게 메신저의 역할입니다. 헤르메스는 '잘 해석하는 자'인 셈이죠.

아, 물론 헤르메스처럼 사기를 치라고 말하는 건 아닙니다. '객관적 사실'도 '객관적 메시지'도 없다는 얘기를 하는 겁니다. 모든 사실과 정보는 그걸 실어 나르는 사람들에 의해, 그것이 실려 오는 루트에 따라, 그리고 수신 상황과 수신자의 상태에 따라 특정한 형태를 띠게 됩니다. 이처럼 우리는 세계를 '있는 그대로' 인식하는 게 아니라 우리의 기억과 편견, 욕망 등에 따라 '멋대로' 인식합니다. 그래서 종종 세계는 우리의 앎을 배반하는 것처럼 보입니다. 빨갛다고 생각했는데 노랗기도 하고, 분명 네모라고 기억하고 있었는데 알고 보니 동그라미로 밝혀지기도 하죠. 그러면 때론 억울하기도 합니다. 하지만 이럴때 당황하지 말고 앞의 세 일화를 떠올리셔야 합니다. 하나의 정확한 지각, 하나의 올바른 감각, 오직 하나뿐인 진실은 없다는 것을요. 그런 다음 질문해 보세요. 나는 왜 새끼줄을 보고 놀란 것일까? 어제 나를 살게 한 물이 왜 오늘은 이토록 혐오스러워진 걸까? 왜 내가 본 사건과 저 사람이 본 사건이 다를까? 그러면 신기하게도 지금 자기가 있는 자리가 보일 겁니다. 무엇을 겁내고 무서워하는지, 무엇을 좋아하고 싫어하는지, 어떤 것을 욕망하고 무엇을 소중하게 생각하는지. 그런 다음, 그 자리에서 조금만 비켜나 보세요. 아마 다른 시각과 관점에서 또 다른 세계를 만나게 될 겁니다.

에셔(Maurits Cornelis Escher, 1898~1972)라는 판화가의 작품 「또 다른 세계(Another World)」입니다. 언뜻 보면 이상할 게 없는 것 같지만 자세히 보면 깜짝 놀라게 되실 겁니다. 우선 정면으로 새 모양의 물체가 보입니다. 이제 화면 맨 아래쪽으로 시선을 돌려 볼까요? 방금 정면에서 보던 물체를 아래서 쳐다보게끔 되어 있죠? 화면의 위쪽으로 가면 다시 시점이 바뀌어 위에서 아래를 내려다보게 되어 있습니다. 게다가 화면 오른쪽은 아래에서 위, 위에서 아래가 동시에 뒤집힌 상처럼 공존합니다. 우리가 현실에서 경험하는 시점은 이 가운데 딱 하나죠.

앎을 통해 우리는 하나의 세계를 만들고,
동시에 하나의 세계에 갇힙니다.

하지만 우리가 경험하는 것 외에도 이렇게 다양한 시점들이 한순간에 공존하고 있습니다. 각각의 관점에 따라 파악된 모든 '진실들'이 모여 어떤 사실을 구성하는 것이지요.

우리는 신체 기관을 통해 무언가를 지각합니다. 그리고 느낍니다. 그래서 그것이 무엇인지를 알게 됩니다. 하지만 우리가 이런 식으로 알게 되는 건 아주 일부에 지나지 않습니다. 앎을 통해 우리는 하나의 세계를 만들고, 동시에 하나의 세계에 갇힙니다. 세계는 언제나 우리의 앎을 뛰어넘어 다채롭게 펼쳐집니다. 그래서 우리는 알고자 합니다. 우리가 아는 것을 넘어 새로운 세계를 만나기 위해서.

🦋 진실 '그리고' 거짓 진실의 거짓과 거짓의 진실

그레고르 잠자는 어느 날 아침 불안한 꿈에서 깨어났을 때, 자신이 잠자리 속에서 한 마리 흉측한 해충으로 변해 있음을 발견했다. 그는 장갑차처럼 딱딱한 등을 대고 벌렁 누워 있었는데, 고개를 약간 들자, 활 모양의 각질로 나뉜 불룩한 갈색 배가 보였고, 그 위에 이불이 금방 미끄러져 떨어질 듯 간신히 걸려 있었다. 그의 다른 부분의 크기와 비교해 볼 때 형편없이 가느다란 여러 개의 다리가 눈앞에 맥없이 허우적 거리고 있었다.

— 카프카, 「변신」에서

상상이 되십니까? 자고 일어나니 벌레가 되었다! '벌레처럼' 된 게 아닙니다. 그레고르 잠자는 진짜로 벌레가 되었습니다. 어떻게 이런 일이 있을 수 있을까요? 거짓말! 우리 자신이 믿을 수 없거나 경험하지 못한 일, 혹은 상식에 반하는 일에 대해선 주저 없이 그렇게 말합니다. 거짓말이라고요.

그레고르 잠자에 대해 좀 더 알아볼까요? 잠자는 외판 사원이었습니다. 그에게는 자신한테 기대어 생계를 유지하는 부모와 여동생이 있습니다. 그들을 위해서는 빨리 일어나 출근을 해야만 합니다. 벌레가 된 잠자는 누워서 발버둥 치며 생각합니다. 일어나야 해, 회사를 가야 해, 저들을 먹여 살려야 해……. 그러나 몸은 꿈적하지 않고 목소리도 나오지 않습니다. 당연하죠. 벌레니까요. 그에게 의지하던 식구들은 이제 그를 혐오하기 시작합니다. 아버지는 화를 내고, 어머니는 놀라서 울기만 하지요. 그나마 여동생이 그를 돌보지만, 벌레가 된 그를 보며 흠칫 놀라기는 마찬가지입니다.

벌레가 된 그레고르 잠자의 사연을 따라가다 보면, 우리는 어느새 그의 움직임, 그의 신음을 이해하게 됩니다. 돈 버는 가장으로서 느끼

거짓말!
우리 자신이 믿을 수 없거나 경험하지 못한 일,
혹은 상식에 반하는 일에 대해선 주저 없이
그렇게 말합니다. 거짓말이라고요.

는 책임감의 무게일 수도 있고, 외판원이라는 일에서 느낀 소외와 피로감일 수도 있습니다. 무슨 이유에서든 그레고르는 하루아침에 벌레가 되었고, 그 순간 그레고르는 가족들로부터 내동댕이쳐졌습니다. 어쩌면, 아주 오래전부터 그레고르 자신이 스스로를 벌레와 다를 바 없이 여기고 있었는지 모르겠습니다. 그를 돈 버는 기계쯤으로 생각하는 가족들이나 조직의 부품으로 여기는 회사에서 그는 일찍부터 소리 없이 오가는 벌레였을지도 모르지요. 그 어디쯤에 '벌레 그레고르'의 진실이 있을 겁니다. 저는 지금 사실이 아니라 '진실'이라고 했습니다. 네, 문제는 진실입니다.

언론인도 팩트(fact)를 강조하고, 법조인도 팩트를 강조하죠. 육하원칙에 따라 '누가, 언제, 어디서, 무엇을, 어떻게, 했다'를 기술함으로써 '사실'을 보여 줄 수 있다고 생각합니다. 하지만 그 사실만으로 우리가 어떤 사건을 알게 되는 건 아닙니다. 사십 대의 한 남성이, 밤에, 공사장 아래를 지나다가, 벽돌에 맞아, 죽는 사건이 발생했다고 해 보죠. 저는 지금 '사실'을 나열했습니다. 하지만 이걸로는 아무것도 알 수 없습니다. 우리가 이 사건을 '알게' 되는 건 셜록 홈즈처럼 보이는 것을 의문시하고 보이지 않는 것들을 이리저리 이어 붙여 이야기를 완성할 때입니다. 왜, 무엇 때문에, 어떤 보이지 않는 관계들이 이 사실들의 이면에 펼쳐지고 있는지 밝혀내기 전에는, 우리는 아직 아무것도 아는 게 아닙니다.

장발장 아시죠? 빵 한 조각을 훔친 죄로 19년간 옥살이를 해야 했던 『레 미제라블』의 주인공. 그가 빵을 훔친 건 팩트입니다. 하지만 빵을 훔쳤다는 팩트를 넘어 그가 왜 빵을 훔칠 수밖에 없었는지, 장발장 같은 사람들이 어떤 삶을 살고 있는지를 알아야 우리는 이 사건의 '진실'에 도달할 수 있습니다. 사실이 아니라 진실. '안다'는 건 사실의 문제라기보다는 진실의 문제입니다.

이런 상상을 한번 해 볼까요? 태어나서부터 지금까지 우리의 모습이 사진으로 남아 있다고 말이에요. 하루에 한 장씩, 그렇게 쌓인 수많은 사진이 우리 앞에 놓여 있습니다. 그리고 그걸 시간 순서대로 쭉 배열해 봅니다. 자, 이제 우리의 삶이라고 할 수 있을까요? "이게 나야!"라고 할 수 있을까요? 영화처럼 아무리 많은 장면을 나열해 봐도 그 자체로 '나'는 아닐 겁니다. 내가 누구인지 보여 주기 위해서는 단 몇 장의 사진만으로도 충분하죠. 진실은 많은 사진들(사실들)이 아니라 사진과 사진 '사이'에 있는 것이니까요.

황희 정승이 퇴근하여 집에 오니 딸이 맞이하여 말했다. "아버지! 이가 어디서 생겨요? 옷에서 생기죠?" "그렇지." 그러자 딸이 좋아하며 "내가 이겼다!" 한다. 이번엔 며느리가 물었다. "아버님! 이는 살에서 생기지요?" "그렇지." "봐요, 아가씨! 아버님은 내가 맞다 하시는 걸요." 옆에 있던 부인이 화를 내며 말한다. "도대체 누가 영감더러 지혜롭다고

하는지 모르겠구려. 어떻게 둘 다 옳아요?" 정승은 빙그레 웃으며 말한
다. "얘들아! 이리 온. 내가 설명해 주마. 이란 놈은 살이 아니면 알을 까
지 못하고, 옷이 아니면 붙어 있을 수가 없단다. 그래서 두 사람의 말이
다 옳다고 한 것이야. 그렇지만 옷을 장롱 속에 두더라도 이는 있을 것
이고, 벌거벗고 섰더라도 또한 가려울 테지. 땀이 무럭무럭 나서 온몸
이 끈적끈적할 때 옷도 아니고 살도 아니고, 옷과 살의 사이에서 이는
생겨난단다."

— 박지원, 「낭환집서」에서

이가 옷에서 생기는지 살에서 생기는지를 두고 싸우던 며느리와
딸에게 황희 정승은 이렇게 알듯 모를 듯한 판결을 내립니다. 이쪽 아
니면 저쪽, 위 아니면 아래, 옳음 아니면 그름, 저것 아니면 이것. 이런
식으로 우리는 모든 사건에 대해 '하나의 팩트'와 '하나의 판결'을 원
합니다. 하지만 황희 정승은 말합니다. 그런 건 없다! 모든 것은 이것
과 저것의 사이에서 생긴다고 말이지요. 선이 없으면 악도 없고, 왼
쪽이 없으면 오른쪽도 없습니다. 내가 없으면 너도 없지요. 모든 것은
다른 것에 의존해서, 다른 것과 더불어 존재합니다. 그게 '사이'라는
말의 의미입니다.

앞의 '인생의 사진' 얘기로 돌아가 보면, 그러니까 웃고 있는 사진
만 나열해도 내가 아니고, 울고 있는 사진만 나열해도 내가 아닌 겁

니다. '나'는 웃는 표정의 사진과 우는 표정의 사진, 젊었을 적 모습을 담은 사진과 나이 든 모습을 담은 사진, 이 사람과 찍은 사진과 저 사람과 찍은 사진, 그 '사이'에 있는 것이죠. 때문에 어떤 것도 함부로 판단해선 곤란합니다. 다른 사람의 행위 혹은 어떤 사건에 대해 섣부르게 거짓 혹은 참이라고 판단하는 건 이 '사이'를 보지 못하기 때문이지요.

황희 정승의 '이 이야기'를 가져와 연암 박지원은 말합니다. 참되고 올바른 인식은 이쪽이나 저쪽이 아니라 이쪽과 저쪽의 사이에 있다고요. 동일한 것을 보더라도 그것을 어떻게 인식하는지는 자신이 가지고 있던 견해에 따라 다릅니다. 그런데 견해라는 건 늘 일방적일 수밖에 없거든요. 사람은 자신이 '서 있는 장소(입장, 立場)'를 비껴나 다른 시각에서 볼 수 있어야 합니다. 그럴 때 비로소 자기 자리에서는 안 보이던 것들이 보이게 되고, 이쪽과 저쪽, 참과 거짓의 이분법을 넘어설 수 있습니다.

아, 그레고르 잠자 얘기를 하다 여기까지 와 버렸군요. 다시 우리의 그레고르 잠자에게 주목해 봅시다. 카프카(Franz Kafka, 1883~1924)는 잠자가 왜 벌레가 되었는지는 속 시원히 알려 주지 않습니다. 그 이유를 추리하는 건 독자의 몫입니다. 단, 그 이유에 근접하려면 우선 벌레가 된 그레고르 잠자의 이야기를 허무맹랑한 거짓말로 취급하지 않아야 합니다. 잠자의 움직임을 따라, 잠자의 시선을 따라 함께 보고 느껴야 하는 것이죠. 나는 사람이다, 사람은 결코 벌레가 될 수 없다는 편견을 내려놓고 잠자를 따라가다 보면, 우리 자신이 한 마리 벌레가 된 듯한 이상한 경험을 하게 됩니다. 벌레인 듯 움직임이 부자연스러워지고 말을 잃어버린 듯 멍해지다가, 문득 '아, 나도 이런 경험을 했던 적이 있었지!' 하고 어떤 기억을 떠올릴 수도 있습니다. 누군가에게 심한 모욕을 당한 경험일 수도 있고, 아무런 감흥 없이 기계적으로 일을 하다가 느껴지는 감각일 수도 있습니다. 혹은 어떤 상황을 무작정 부정하고 싶어질 때 이르는 심신의 어떤 '변신 상태'일 수도 있구요. 아무튼 사람이 벌레가 된다는 이야기에서 카프카가 우리에게 보여 주는 건 인간의 어떤 '진실'입니다. 거짓이지만, 그 거짓을 통해서만 말할 수 있는 그런 진실이요. 문학 작품의 허구란 이런 것을 말합니다. 실제로 일어난 일은 아니지만, 상상된 이야기를 통해 '팩트' 너머의 삶을 보여 주는 게 문학이지요. 여담이지만, 문학 작품을 읽어야 하는 이유가 여기에 있습니다. 나 자신의 팩트를 넘어, 나도 모르는 나의 진실, 나와 연결된 타인들의 진실에 우회해서 이를 수 있게 해 주는 게 바로 문학이거든요. 자, 이런 이야기는 어떤가요?

"맙소사! 어떻게 이럴 수가! 왜 이런 불행을 겪어야 하는 거지? 팔이나 다리가 없다 해도 코가 없는 것보다 나을 거고, 귀가 없어도 보기는 흉하겠지만 그럭저럭 참을 만할 거야. 그런데 사람이 코가 없어서야 말이 되냐고. 새가 새가 아니고, 사람이 사람이 아닌 거지. 차라리 창문에서 뛰어내리는 게 낫지! 전쟁 통에 잘렸거나 결투로 떨어져 나갔다면 할 말이라도 있을 텐데, 이건 뭐 땡전 한 푼 받은 것도 아니고, 아무 이유 없이 코가 없어졌으니…… 이럴 순 없는 거야, 이럴 수는."

— 고골, 「코」에서

어느 날, 잘난 체하며 우쭐거리는 코발료프 소령의 코가 사라졌습니다. 하! 코…… 코가 사라졌다니요. 나무로 만든 피노키오처럼 코가 길어진 것도 아니고, 사람의 코가 없어졌다니! 한번 상상해 보세요. 코가 사라진 어느 날 아침, 거울에 비친 내 모습을! 아니면, 여러분 자신을 가장 잘 나타낼 수 있는 어떤 신체 부위가 사라졌다고 상상해도 좋습니다. 그건 어디에서 찾아야 할까요? 콧대 높은 소령의 코가 사라진 이 사건의 진실은 뭘까요? 이 거짓 속의 진실을 한번 더 들어 보시길! 이처럼, 거짓 '그리고' 진실 사이를 더듬어 가는 과정에서 우리는 비로소 무언가를 '알게' 됩니다.

🦋 안다는 것(知)과 모른다는 것(無知) 소크라테스와 공자의 혁명적 가르침

공자(孔子, 기원전 551~기원전 479)께서 일찍이 이런 말씀을 하셨습니다.

코······ 코가 사라졌다니요.

피노키오처럼 코가 길어진 것도 아니고,
사람의 코가 없어졌다니! 한번 상상해 보세요.
코가 사라진 어느 날 아침, 거울에 비친 내 모습을!

"아는 것을 안다 하고 모르는 것을 모른다 하는 것이 참으로 아는 것
이다."

—『논어』 중 「위정(爲政)」 편에서

한문도 쉽습니다. "지지위지지(知之爲知之) 부지위부지(不知爲不知)
시지야(是知也)" 어때요, 참 쉽죠? 한자도 쉽고 뜻풀이도 쉬운데, 구절
의 의미는 만만치가 않습니다.

선생님들께서 수업을 하신 다음에 흔히 이렇게들 물어보시죠. "얘
들아. 알겠니? 모르겠니? 뭘 모르겠는지 말해 봐." 음…… 이게 만약
미적분을 배운 시간이라면, 답을 못 하는 건 거의 백 프로, 뭘 알고
뭘 모르는지를 모르기 때문일 겁니다. 고백하자면, 저도 고등학교 때
그랬습니다. 수학을 나름 좀 한다고 자부했는데도 미적분학에 이르
러서는 거의 멘탈이 탈출했었죠. 이게 어디가 출구고 어디가 입구인
지, 대체 어떤 공식을 어디에 어떻게 적용해야 하는 건지 도통 모르겠
더군요. 그래서 공자님이 말씀하신 겁니다. 뭘 알고 뭘 모르는지 알면
그건 아는 거라구요.

공자와 거의 비슷한 시대, 그러니까 기원전 5세기경 서쪽 그리스
에도 또 한 명의 공자가 있었으니, 바로 소크라테스(Socrates, 기원전
469?~기원전 399)입니다. 우리는 소크라테스라고 하면 "악법도 법이
다!"라고 장엄하게 외치고 독배를 마시는 모습을 떠올리지만, 이건

소크라테스의 참모습이 아닙니다. 공자가 중국에서 처음으로 제자들과 배움의 공동체를 만들어 전통적 지식을 연마하고 새롭게 해석한 교육 혁명가였다면, 소크라테스는 그리스의 교육 혁명가였습니다. 그는 장터, 광장 등 사람이 모여 있는 곳이라면 어디든 가리지 않고 사람들에게 질문을 퍼부었습니다. 그 질문이라는 게 주로 '너는 무엇무엇(정의, 용기, 덕 등)을 아느냐' 하는 것이었지요. 그러면 사람들은 자신이 아는 걸 말합니다. 정의란 이렇다, 덕은 이런 것이다……. 소크라테스는 그들의 말을 놓치지 않고 계속 질문을 쏟아 냅니다. 그렇다면 그것은 무엇이냐, 이것은 무엇이냐. 다소 길고 지루하게 대화 아닌 대화가 진행되다가 마침내 사람들이 나자빠지듯 이렇게 말하는 순간이 옵니다. "소크라테스 선생님, 전 아무것도 모르겠습니다!" "옳거니!" 그제야 소크라테스는 이렇게 말하며 쿨하게 떠나 버립니다. "넌 이제 지혜를 향한 사랑을 시작할 수 있겠구나!"

지혜에 대한 사랑, 이게 바로 '철학'의 어원인 '필로소피아(philo-sophia)'의 뜻입니다. 무엇을 좋아하다, 사랑하다, 이끌리다 등의 뜻을 가진 '필로'와 앎(지혜)을 뜻하는 '소피아'가 결합된 말이죠. 그러니까 철학이란 '완전한 앎'을 지칭

하는 게 아니라 '앎에 대한 이끌림', '앎에 대한 사랑'을 뜻하는 말입니다. 플라톤의 대화편 『향연』에는 이와 관련한 흥미로운 신화가 등장합니다.

'지혜에 대한 사랑'을 말하려면 에로스의 탄생으로 거슬러 올라가야 합니다. 『향연』에서 디오티마가 들려주는 이야기에 따르면, 에로스는 포로스와 페니아의 아들입니다. 아프로디테의 탄생을 축하하는 잔치에서 포로스는 술에 취해 잠이 듭니다. 포로스라는 신의 이름은 방도, 길, 수단 등을 뜻하지요. 그런데 어느 잔치에나 그렇듯 이 잔치에도 구걸하러 찾아든 이가 있었으니, 바로 페니아(곤궁, 결핍)였습니다. 다른 수단이 없었던 페니아는 간계를 꾸며 포로스와 동침한 뒤 에로스를 잉태했지요. 그리하여 방도와 곤궁 사이에서 태어난 에로스는 두 가지 특징을 동시에 갖게 되었습니다. 어머니 페니아를 닮아서 늘 가난하게 사는 동시에, 아버지를 닮아서 아름답고 좋은 것들을 얻을 계책을 꾸밉니다. 한마디로, 에로스는 "아예 방도가 없지도 않고 부유하지도 않고, 지혜와 무지 사이에 있습니다".

소크라테스에 따르면, 신들은 지혜를 사랑하지 않습니다. 이미 지혜롭기 때문이죠. 그런데 무지한 자들 역시 지혜를 사랑하거나 욕망하지 않습니다. 그들은 자신이 무지한 걸 모르기 때문입니다. 무지한 걸 모른다는 사실, 그게 무지한 거라는 얘기죠. 그러면 누가 지혜를 사랑하고 욕망하는가? 자신이 무지하다는 걸 아는 자만이 그렇습니

다. 그가 바로 '지혜와 무지 사이'에 있는 자, 에로스지요. 알려고 하
는 자는 우선 자기 안에 무지가, 말하자면 커다란 구멍이 있다는 걸
느낍니다. 아, 난 모르는구나, 앎이 결여되어 있구나, 그래서 가난하구
나, 이렇게 생각하는 거죠. 하지만 이게 끝이 아닙니다. 그걸 느끼는
자는 바로 그 때문에 그 구멍을 메우기 위해 지혜를 찾아 나섭니다.
마치 사랑의 결여를 느껴 자신의 반쪽을 찾아 나서는 구애자들처럼
요. 이 결여감을 느끼는 것이 '무지의 자각'이요, 사랑이란 그 무지를
채워 가려는 여정인 셈이지요. 그런데 대부분의 사람들은 자신이 무
지하다는 사실에 무지합니다. 소크라테스가 만난 사람들도 그랬습니
다. 자기가 뭔가를 알고 있다고 뻐기는 사람들을 만난 소크라테스가
그러죠. "난 저들보다 낫구나. 난 적어도 내가 무지하다는 사실만은
알고 있지 않은가!" 자신의 무지를 안다는 게 정말 그토록 어려운 일
일까요? 그리고 무지를 안다는 건 왜 그토록 중요한 일일까요?

이와 관련해서 우치다 타츠루라는 학자가 들려주는 이야기는 매
우 흥미롭습니다. 요즘 학생들은 똑똑한 것 같은데 왜 그토록 '구멍'
이 많을까. 이게 우치다 타츠루의 의문입니다. 글을 읽다가 모르는 게
나오면 건너뛰고, 아는 것만 훑는 게 요즘의 독서 실태입니다. 의미를
모르는 것에 스트레스를 받지 않을뿐더러, 더 심각하게는 궁금해하
지조차 않는다는 것이죠. 스스로 모르는 것에 둔감해지기. 어떻게?
모르는 것은 아예 '존재하지 않는 것'으로 여김으로써.

어두운 밤 갑판 위에서 바다를 바라보는 항해사의 시야에 들어오는 모든 것은 '무엇인지 알고 있는 것'이어야 한다. 그렇기 때문에 '무엇인지 모르는 것'이 바다 위에 있으면 긴장한다. 하지만 만약 시야에 들어오는 것이 '무엇인지 모르는 것투성이'라면 어떻게 될까? 그런 상황에서는 '무엇인지 모르는 것'이 또 하나 새로 등장한다 해도 아무렇지 않을 것이다.

— 우치다 타츠루, 『하류지향』에서

무엇인지 모르는 것을 모르는 것으로 제쳐 두다 보면, 어느 순간 세계는 내가 아는 것들로만 가득 차게 됩니다. 그래서 더는 다른 사람 말에 귀 기울이지도 않으려 하고, 모르는 걸 찾기 위한 어려움과 위험을 무릅쓰려 하지도 않게 되지요. 그게 바로 '무지에 무지하다'는 말입니다. 자신의 무지를 알지 못하면 터무니없이 용감해집니다. 자기에게 구멍이 없다고 생각하기 때문에 나만 옳고 남들은 다 틀렸다는 독단에 사로잡히게 되거든요. 그렇게 되면 자기 생각으로 남들을 짓밟고 무시할 뿐 아니라 자신과 생각이 다른 사람들을 증오하게 됩니다. 무지가 오만을 낳고 오만이 폭력을 낳게 되는 것이죠. 그래서 우선은 자기가 무엇을 알고 무엇을 모르는지를 알아야 합니다. 더 간단히 말해서, 자기의 앎이 불완전하며, 따라서 언제든 틀릴 수 있음을 알아야 한다는 얘깁니다.

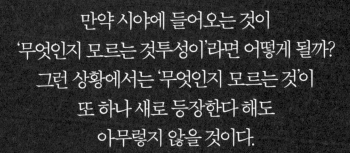

만약 시야에 들어오는 것이
'무엇인지 모르는 것투성이'라면 어떻게 될까?
그런 상황에서는 '무엇인지 모르는 것'이
또 하나 새로 등장한다 해도
아무렇지 않을 것이다.

『논어』를 읽어 보면 대번에 알 수 있는 사실입니다만, 공자는 제자들이 같은 질문을 해도 모두 다르게 답합니다. 예컨대, '인(仁)'이 뭐냐는 질문에, 어떤 경우는 '효도하는 것'이라 말하고, 어떤 경우에는 '사람을 사랑하는 것'이라 말하고, 또 어떤 제자에게는 '자기가 원치 않는 것을 남에게도 하지 않는 것'이라 답하기도 합니다. 제자들은 번번이 헷갈렸겠죠. 대체 어떤 게 정답인지를 두고 의견이 분분했을 겁니다. 공자는 왜 이런 식으로 다르게 답을 했을까요? 같은 걸 질문하더라도, 질문하는 사람마다 '구멍'이 다르고 능력이 달랐기 때문입니다. 모두가 아는 것을 아는 게 중요한 게 아니라 자기가 알아야 할 것을 아는 게 중요합니다. 앞에서 말했다시피, 무언가를 인식한다는 것이 상황과 성격, 욕망 등에 따라 결정된다면, 모르는 것 역시 마찬가지입니다. 우리는 각자 모르고 싶어 하는 것 앞에서는 애를 써서 모름을 유지하려고 합니다. 아무리 귀가 따갑게 알려 줘도 한 귀로 듣고 한 귀로 흘려버리는 거지요. 그래서 뭘 알고 뭘 모르는지는 스스로가 알아내야 합니다. 그래야 자신이 뭘 알고자 하는지, 자신의 '에로스'를 작동시킬 수 있거든요.

소크라테스가 '무지에 대한 자각'을 강조한 것도 그 때문이었습니다. 사랑은 누가 억지로 강요할 수 있는 게 아니지 않습니까? 지혜에 대한 사랑도 마찬가지입니다. 이걸 알아야 해, 왜 알려고 하지 않니, 하고 아무리 강요해 봐야 지혜에 대한 사랑이 싹틀 리 만무합니다.

스스로 알고 싶어지는 지점까지 이르러야 하는 것이지요. 그 지점이 바로 '나는 모른다!'라는, 다소 자존심 상하는 자각의 지점입니다. 하지만 비통해할 필요는 없습니다. 거기서부터 진짜 '지혜에 이르는 길'을 더듬어 가는 여정이 시작되는 거니까요.

공자와 소크라테스는 '내가 간 이 길을 따라오라'고 말하지 않습니다. 그저 자신의 길을 묵묵히 가면서 제자들에게 여러 길이 있다는 사실만을 알려 줄 뿐이지요.

"누구든지 소크라테스에게 다가가 그와 대화를 하게 되면, 처음에는 완전히 다른 것에 대해 말하다가도 그 담화로 인해 완전히 순환 논법에 빠져 결국 자기 자신에 대해, 그리고 자기가 과거에 어떤 식으로 살아왔으며 또한 현재를 어떻게 살아가고 있는지를 곰곰이 생각해 보지 않을 수 없게 된다는 것을 모른단 말인가? 그러한 지경까지 이르게 되면 소크라테스는 그대들이 스스로의 모습을 모든 각도에서 진정으로, 그리고 철저하게 재점검하기 전까지는 결코 놓아 주지 않을 걸세."

— 플라톤, 『라케스』에서

소크라테스는 아무것도 알려 주지 않습니다. 다만, 우리로 하여금 생각하게 하고, 자신을 알고 싶게 합니다.

우리는 왜 알고 싶어 하는 걸까요? 간단합니다. 모르기 때문입니다. 모르기 때문에 알고 싶어지고, 알고 싶어서 배우다 보면 또 새롭게 모르는 것을 만나게 됩니다. 결국 새롭게 알아 가는 과정은 새롭게 '몰라 가는' 과정이기도 한 셈이지요. 그런데, 이 과정이 참 묘하게 재미가 있답니다. 소크라테스를 만나 질문 공세를 받고 '나는 몰라'라는 자백을 하는 자들은 모두 이상한 기쁨을 경험합니다. 공자의 제자들 역시 마찬가지였을 겁니다. 자신이 모른다는 사실을 알게 되는 이상한 기쁨, 이게 바로 '지혜를 향한 사랑'의 시작이지요. 우리는 왜 알고 싶어 하는 걸까요? 사랑하면 할수록 더 커지는 사랑, 이 묘한 사랑의 기쁨 때문입니다.

🦋 불행 속에서 살아가는 법 왜 우리는 알고 싶어 하는가

프로메테우스를 아시나요? 제우스의 눈을 피해 인간에게 불을 훔쳐다 준 죄로 3천 년 동안 독수리에게 간이 파먹히는 벌을 받은 프로메테우스. 이게 우리가 아는 대략의 내용이지만, 사실 사연은 좀 더 복잡합니다. 프로메테우스 이야기를 잠시 해 볼까요?

티탄 거인족과 올림포스 신족 사이에 핏빛 전투가 한바탕 벌어진 다음, 제우스는 티탄족이면서도 전투에서 제우스를 편들었던 프로메테우스와 그의 동생 에피메테우스에게 중요한 임무를 줍니다. 제우스의 임무를 받들어 프로메테우스는 인간과 짐승을 창조하고, 에피메테우스는 그들이 살아가는 데 필요한 선물을 나눠 주었지요. 그런데 에피메테우스에게 분배의 요령이 없었는지, 선물을 주다 보니 인간에게 줄 것이 그만 똑 떨어졌던 모양입니다. 이 얘기를 들은 프로메테우스가 인간에게 불을 주지 말라는 제우스의 금기를 어기고는 회향풀 줄기에 불씨를 감춰 인간들에게 가져다주었습니다. 그 벌로 카우카소스 산에 꽁꽁 묶인 채 독수리에게 간을 쪼이고, 간이 밤새 새로 돋아나고 또다시 쪼이는 형벌을 피할 수가 없었던 거지요.(헤시오도스의 『신들의 계보』에는 또 다른 버전의 스토리가 있습니다.) 그래서 프로메테우스는 인간의 영웅, 인간을 구원한 메시아로 숭배되곤 합니다. 기원전의 그리스 비극 『결박당한 프로메테우스』에 나오는 프로메테우스의 대사를 한번 들어 볼까요?

"이것만은 들어 두시오. 인간이 겪고 있는 고통이 어떤 것이었는가. 어찌할 바를 모르고 있는 인간을 보고 그들에게 생각하는 능력을 주었지. 나를 통해서 그들은 이해력을 얻은 거요. 그들을 원망하지는 않았소. 내가 말하고자 하는 것은 그들에게 내가 선심을 베풀고 훌륭한 선물을 주었다는 그 사실뿐이오.

그들은 앞을 보지도 못하고 소리를 들을 줄도 몰랐지. 마치 꿈속에서처럼 되는 대로 살고 있더군. 벽돌이나 잘 자란 나무를 가지고 태양을 가릴 만한 집 한 채도 지을 줄 몰랐어. 마치 가냘픈 개미 떼들이 햇볕도 안 드는 저 땅속 깊이 묻혀 살듯이 이들은 동굴 속에서 살고 있었어."

이런 인간을 가엾게 여긴 프로메테우스는 인간에게 별자리를 읽는 법, 셈하기와 문자 사용법, 예술적 상상력과 농사법과 약초 쓰는 법과 길흉을 점치는 법, 함께 살아가는 법, 제사 지내는 법 등을 알려 주었다고 합니다. 프로메테우스가 없었다면 인간은 '인간답게' 살 수 없었을 뻔했지요. 그가 준 선물 중에서도 최고는 뭐니 뭐니 해도 불이었습니다. 불은 문명을 뜻합니다. 덕분에 인간은 군락을 이루고 자연을 이용하여 생태계의 강자로 군림할 수 있게 되었습니다. '먼저 생각하는 자'인 프로메테우스 덕분에 나약하고 무능력한 인간은 자신의 한계를 넘을 수 있었던 것이죠. 하여 모든 걸 다 알고자 하고, 알수 있다고 생각하고, 실제로 알고 있다고 자신하면서 인간은 오늘날에 이르렀습니다.

그런데 근대를 비판한 사상가 이반 일리히(Ivan Illich, 1926~2002)는 프로메테우스보다는 에피메테우스에 주목했습니다. 프로메테우스와 대조적으로 '나중에 생각하는 자'라는 뜻을 가진 에피메테우스는 덜떨어진 행동 때문에 인간의 불행을 초래한 존재로 폄하되는 것이 일반적입니다. 여기에도 제우스의 농간이 있습니다. 프로메테우스에 대한 분노를 참지 못한 제우스는 그리스 최고의 아티스트 헤파이스토스에게 아름다운 '여자 인간'을 만들도록 명령했습니다. 그녀가 바로 '모든 선물을 받은 자'라는 뜻의 이름을 가진 판도라였죠. 형의 경고에도 불구하고 판도라의 미모에 푹 빠진 에피메테우스는 그녀를 선물로 받고 말았습니다. 아니나 다를까, 판도라가 결국 사고를 치고 맙니다. 전후 사정은 분명치 않지만 열어서는 안 되는 항아리(흔히 '상자'라고 알고 있지만)를 열어 보고 말았던 겁니다. 그다음 상황은 아시는 대로예요. 가난과 질병을 비롯하여 인간에게 불행을 가져다주는 온갖 재앙들이 거기서 쏟아져 나왔죠. 단 하나, 희망만이 나오지 못한 채 항아리 안에 갇히고 말았습니다. 그러니까 인간이 겪는 불행은 죄다 판도라, 아니 판도라를 덥석 받은 에피메테우스 탓이라고도 할 수 있겠습니다. 형만 한 아우 없다는 얘기는 고대 신화에서부터 진리였던 걸까요? 하지만 어차피 신화란 해석하기 나름이니, 좀 다르게 질문을 던져 봅시다.

판도라를 보낸 건 제우스였습니다. 제우스가 분노한 건 프로메테우스 때문이었구요. 앞서 말했듯이, 프로메테우스의 죄는 제우스의 금기를 어기고 인간에게 불을 가져다주었다는 것이었습니다. 자신이 빚은 인간을 너무 사랑한 나머지 인간에게 좋은 것들을 다 주고 싶었겠지요. 이해됩니다. 세상의 엄마들도 대부분 자기 자식에게 그러니까요. 에피메테우스만 아니었다면 인간은 승승장구 불행 없이 살아갈 수 있었을 텐데, 제우스는 에피메테우스를 이용해 기어코 프로메테우스의 '자식 사랑'을 무효화해 버리고 말았습니다. 대체 왜?

현대인은 모두 프로메테우스가 되기를 소망합니다. 즉, 자신의 앎을 이용해서 더 높이 쌓고, 더 많이 만들고, 더 좋고 편리하게 삶을 세팅하려 합니다. 하지만 그 과정에서 인간은 자연이 자신의 소유라 여기며 무분별하게 자원을 낭비했고, 자신이 만든 제도들에 길들여져 '좋은 제도'만이 우리의 삶을 행복하게 해 줄 거라 믿게 되었죠. 그런 식으로 구축된 근대 산업 문명이 인간을 편리하고 안락하고 행복하게 해 주었음을 추호도 의심하지 않습니다. 그러고는 이를 당연하다는 듯이 '진보' 내지는 '발전'이라 명명하지요.

하지만 이반 일리히는 단호하게 말합니다. 이런 식의 진보는 인간을 자유롭게 해 주기는커녕 더 강하게 구속하고 무능력하게 만든다구요. 예컨대, 인간은 질병 때문에 불행하다가 질병을 낫게 해 주는 의료 시스템 때문에 행복해지는 게 아닙니다. 또 가난 때문에 불행하다가 가난을 몰아내는 돈 때문에 행복해지는 것도 아닙니다. 질병과 가난 때문에 불행한 것이 아니라, 돈이나 시스템 없이는 살 수 없으니 어떻게든 돈을 벌고 시스템 안에 들어가야겠다고 발버둥 치는 자신의 욕망 때문에 불행한 것입니다.

따지고 보면, 판도라의 항아리에서 나온 것은 그 자체로 불행이 아니라 우리가 살아가는 조건들입니다. 우리는 모두 아프고, 늙고, 미워하고, 싸우고, 근심하면서 살아갑니다. 때로는 예기치 못한 자연재해

현대인은 모두 프로메테우스가 되기를
소망합니다. 즉, 자신의 앎을 이용해서
더 높이 쌓고, 더 많이 만들고,
더 좋고 편리하게 삶을 세팅하려 합니다.

따지고 보면, 판도라의 항아리에서 나온 것은
그 자체로 불행이 아니라
우리가 살아가는 조건들입니다.
우리는 모두 아프고, 늙고, 미워하고,
싸우고, 근심하면서 살아가니까요.

존 워터하우스, 「판도라」, 1896

에 모든 것이 휩쓸려 나가기도 하구요. 이 모두가 자연(제우스신)이 우리에게 준 것이죠. 프로메테우스는 자신이 사랑하는 인간에게 '좋은 것'만을 주려 했지만, 사실 프로메테우스가 인간에게 선물한 것들이 더 큰 불행을 가져다주지 않았습니까? 가장 무서운 질병, 전쟁, 재해는 늘 인간의 앎과 문명이 초래한 '인재(人災)'였으니까요.

그러고 보면, 애초에 에피메테우스가 인간에게 줄 선물을 미처 남기지 못한 것은 인간에게는 행운이었는지도 모르겠습니다. 날개도, 날카로운 이빨도, 빠른 다리도 갖지 못한 '덕분에' 인간은 모여 살면서 서로 돕고 함께 기뻐하는 법을 배웠을 겁니다. 이반 일리히가 말한 '에피메테우스적 인간'은 '나중에 오는 것'을 생각합니다. 문명이 아니라 문명이 만들어 낸 폐허를, 발전이 아니라 발전에 가려 희생된 것들을, 더 높이 올라가기 위한 앎이 아니라 그것이 정말 최선의 삶인지를 질문하는 앎을 말입니다.

중·고등학생에게 뭐가 되고 싶으냐고 물으면, 대체로 뻔합니다. 공부를 잘할수록 답은 더 뻔하죠. 의사 아니면 법관. 물론, 의사와 법관이 나쁜 건 아닙니다. 문제는, 왜 의사가 되려고 하는지, 어떤 법관이 되려고 하는지에 대해서는 그다지 깊이 생각하지 않는다는 거죠. 드라마 속에서는 환자의 아픔을 먼저 생각하고 피고인의 억울함을 경청하는 법관이 정의로운 주인공으로 그려지지만, 현실에서는 그렇지 않은 것 같아요. 돈을 잘 번다든가 사회적으로 부러움을 사는 직업이라든가 하는 기준이 작동하지요. 열심히 배워서 자신의 앎을 부와 명예의 발판으로 이용하는 겁니다. 그런 이들이 현대판 프로메테우스, 즉 남보다 '앞서' 생각하는, 더 '진취적인' 인간으로 평가됩니다. 만약 농부나 수리공, 기타리스트나 소설가가 되겠다고 하면 즉시 이런 비난이 폭주할 겁니다. 넌 꿈이 없어! 그럴 거면 공부 때려치워! 그거 해서 어떻게 먹고사니?

우리 시대의 '앎'이란 자신의 영달(榮達)과 안락을 위한 도구로 전락해 버린 게 아닐까요? 대체 왜 배움과 앎은 꼭 부나 명예, 혹은 더 안락한 삶을 목적으로 해야 가치 있다고 여겨지는 걸까요? 왜 인간이 이뤄야 할 것이 아니라 인간에게 닥친 불행을 깊이 생각하는 앎에 대해서는 상상하지 못하는 걸까요?

앎을 통해, 진보가 아니라 그 진보에 대해 되물을 수 있는, '나중에 생각하는 자'가 될 수는 없는 걸까요? 내게 주어지지 않은 것을 훔쳐서라도 내 것으로 만드는 대신, 내게 주어진 한계 속에서 또 다른 한계를 가진 존재들과 함께 살아가는 법을 모색하는 일은 불가능한 걸까요? 앎은 더 많은 것을 가지기 위해서가 아니라 더 많은 것을 가지지 않기 위해서, 고통 없는 세상으로 가기 위해서가 아니라 고통 속에서 남들과 함께 사는 법을 터득하기 위해서 필요한 게 아닐까요? 그런 앎이야말로 판도라의 항아리에 남아 있는 '희망'이 아닐까요?

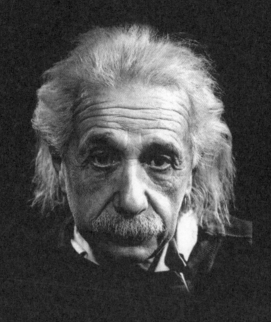

앎 자체가 무슨 소용이 있는가,
그것이 누군가를 살릴 수 없다면!

아인슈타인이 그랬다죠. 다시 태어나면 과학자가 아니라 실질적으로 사람들을 도울 수 있는 보일러공이 되겠다고요. 천하의 아인슈타인이 설마 과학자는 아무 쓸모가 없다는 말을 하려 한 건 아닐 겁니다. 그는 아마 자신의 앎에 대해 깊이 회의했을 겁니다. 의도와 무관하게 자신의 앎이 인류 전체를 파괴하고도 남을 가공할 만한 핵무기 개발에 이용되는 것을 보고는 스스로에게 질문을 던졌을 거예요. 앎 자체가 무슨 소용이 있는가, 그것이 누군가를 살릴 수 없다면! '가장 먼저' 생각하는 사람은 사실 '가장 나중에' 생각하는 사람입니다. 아니, 그래야 합니다.

판도라처럼 아무 생각 없이 항아리를 여는 걸 두고 그가 '알고자 했다'고 말하진 않습니다. 그건 그냥 단순한 호기심일 뿐이죠. 알고자 하는 욕망은 기본적으로 질문을 동반합니다. 나는 누구인가, 나는 어디(시간, 공간)에 있는가, 나는 누구와 함께 살아가고 있는가, 하는 질문을요. 이렇게 질문을 던지는 순간, 우리는 못 견디게 알고 싶어집니다. 하여 세계를 탐색하기 시작하죠. 세계를 탐색하는 자들은 언제나 질문을 만나게 되고, 그 질문을 통해 앎을 얻게 됩니다. 이처럼 앎이란 질문이요, 질문이란 늘 그 안에 앎에 대한 욕망을 담고 있습니다.

우리는 왜 알려고 할까요? 살아가면서 매번 질문을 맞닥뜨리기 때문입니다. 삶에는 하나의 정답이란 없고, 세계에는 하나의 진리란 없습니다. 그래서 사람들은 사건을 겪을 때마다 질문합니다. 대체 왜 이런 일이? 뭐가 잘못된 거지? 나는 이제 어떻게 해야 할까? 저들은 왜 저렇게 생각할까? 그런데 나는 왜 이렇게 생각할까? 각자의 판도라 항아리가 열리고, 거기서 온갖 문제들이 튀어나옵니다. 이걸 피할 길은 없습니다. 우리가 할 일은 그 문제들을 열심히 주워담으면서 다시 질문하고, 생각하고, 또다시 질문하는 것입니다.

도로 눈을 감고 가시오!
전장(戰場)에서 피어오르는 앎
움직이고 접속하라!
셜록, 기억의 궁전을 거닐다
세계를 만드는 천 개의 눈

앎과
세계

앎은 어떻게
구성되는가

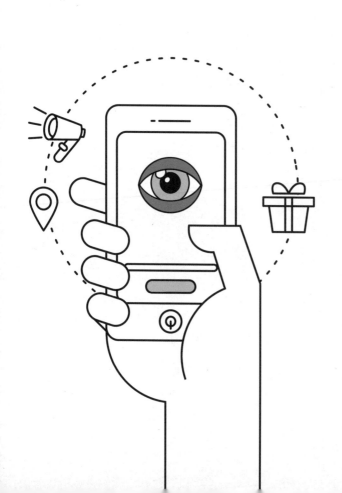

도로 눈을 감고 가시오! 내 눈에 속지 않는 법

하루에 스마트폰을 얼마나 들여다보시나요? 인터넷 접속 시간은
또 얼마나 되시는지? 저는 스마트폰은 없으므로 패스, 컴퓨터로 인터
넷을 사용하는 시간은 평균 하루에 한두 시간 정도 될 겁니다. 한 기
사에 따르면, 2014년 현재 스마트폰 평균 사용 시간이 서너 시간이라
고 하니, 제 인터넷 사용 시간이 그리 많은 건 아니죠. 하지만 문제는
시간이 아닙니다. 인터넷과 접속한 이후의 신체 작동 방식, 그게 참
난감합니다.

아시다시피, 일단 인터넷에 접속하고 나면 그 다음부터는 모든 일
이 우리 의지를 벗어납니다. 제가 자주 사용하는 포털에 로그인을 합
니다. 그러면 제가 한 번이라도 클릭한 적이 있는 사이트들에서 정신
없이 창이 뜹니다. 그뿐인가요, 여기저기서 자기를 봐 달라는 기사들
이 끔뻑끔뻑, 광고들은 번쩍번쩍, 무심코 하나씩 클릭하다 보면 소위

'낚이기'가 일쑤요. 재미도 없고 스릴도 없는 '서핑'으로 삼십 분은 번개처럼 지나가 버립니다. 어쩌다 흥미로운 내용을 발견해 클릭을 거듭하며 그물망(net)을 헤매다 보면 그야말로 '앉아서 삼매경(三昧境)'이지요. 그러다 컴퓨터를 끄고 나면 문득 '내가 또 시간을 허비했구나.' 하는 허탈함이 밀려옵니다.

현대를 흔히 정보화의 시대라고 합니다. 미디어의 시대라고도 하구요. 그 정보와 미디어의 총화가 바로 인터넷이라고 할 수 있겠죠. 불과 10년 전만 해도 모르는 단어가 있으면 사전을 찾았고, 모르는 정보는 힘들게 책을 찾거나 알 만한 사람에게 물었습니다만, 이제 그 모든 수고가 필요 없게 되었습니다. 접속과 클릭, 그리고 굳이 '수고'랄 게 있다면 로그인 정도. 이거면 다 됩니다. 아니, 요즘은 '터치' 하나면 끝인 세상입니다. 저도 점점 이런 '편의'에 물들어 가고 있습니다만, 가끔은 이런 상상을 해 봅니다. 자고 일어나니 벌레가 된 그레고르 잠자처럼, 어느 날 자고 일어났더니 눈과 손가락만 남은 괴물이 되어 있는 건 아닐까? 터치하고 보고, 보고 터치하고, 그렇게 우리는 보이는 것을 따라 손가락을 까딱거립니다. 사람들의 손을 움직이게 하려면 보이는 것들은 점점 더 번쩍거리고 화려해지고 이상야릇해질 수밖에 없는 법. '보는 것이 믿는 것(seeing is believing)'이라는 말은 우리 시대에 새로운 모토로 변형되었습니다. 보는 것은 터치하는 것(touching), 즉 '만지는 것'이요, '마음을 움직이는 것'이며, 상품 구매나 사건의 판단 같은 행위에 '이르는 것'입니다.(실제로 touch에는 이 모든 뜻이 있습니다.) 한마디로, 보는 것이 '아는 것'이 되어 버린 셈입니다. 눈과 손가락, 그것이 우리의 몸과 정신을 지배하게 된 것이죠.

조선 시대 지식인 중에 서경덕(徐敬德, 1489~1546)이라는 분이 있습니다. 그분이 어느 날 외출했다가 길에서 울고 있는 사람을 만났지요. 하여 어찌 우는지를 묻자, 그의 사연인즉 이랬습니다.

"제가 세 살에 소경이 되어 바야흐로 40년이 되었습니다. 이전에는 걸음을 걸을 땐 발을 의지해서 보고, 물건을 잡을 땐 손을 의지해서 보았습니다. 목소리를 들어 누구인지를 분별할 때는 귀를 의지해서 보았고, 냄새를 맡아 무슨 물건인지 살필 때는 코를 의지해서 보았습니다. 다른 사람들은 두 눈만 가졌지만 나는 팔과 다리, 코와 귀 모두 눈이 아닌 것이 없었습니다. 어디 다만 팔과 다리와 귀와 코뿐이었겠습니까. 날이 이르고 늦은 것은 낮의 피로함으로 보고, 물건의 모양과 빛깔은 밤에 꿈으로 보아서, 아무런 장애도 없고 의심과 혼란도 없었습니다. 헌데, 아까 길을 걸어오다가 홀연히 두 눈이 맑아지고 동자가 저절로 열려 눈을 뜨고 보니, 천지는 드넓고 산천은 마구 뒤섞여 만물이 눈을 가리고 온갖 의심이 마음을 막게 되었습니다. 팔과 다리와 귀와 코는 뒤죽박죽 착각을 일으켜 온통 이전의 일상을 잃어버리고 말았습니다. 급기야 살던 집까지 잊어버려 돌아갈 방법이 없는지라 이렇게 울고 있습니다."

우리가 보는 것을 믿을 수 있을까?
오히려 우리는 보이는 것 때문에
보이지 않는 많은 것을 놓치고 있는 게 아닐까?

요약하자면 이렇습니다. 눈으로 보지 못했던 예전에는 눈 아닌 모든 것으로 다 봤다, 그런데 눈을 뜬 지금은 눈으로 보이는 것들 때문에 아무것도 보지 못하게 되었다. 세상에 이런 일도 다 있네요. 사십 평생을 앞 못 보는 소경으로 살다가 눈을 떴으면 감동과 환희, 뭐 그런 것 때문에 울 것 같은데, 지금 이자는 전혀 다른 얘길 하고 있으니 말입니다. 이 얘기는 연암 박지원(朴趾源, 1737~1805)의 『열하일기』에 실린 「환희기(幻戲記)」의 일부입니다. 중국 땅에서 눈을 휘둥그렇게 만드는 요술 퍼레이드를 보고 난 뒤 연암이 기록한 후기(後記)이지요. 연암은 말합니다. 사람들은 요술을 보고 나서 요술쟁이가 우리를 속였다고 생각하지만, 사실 우리를 속인 건 우리의 '눈'이라구요.

마술 공연을 떠올려 보세요. 우리는 속지 않을 것을 다짐하며 눈을 크게 뜨고 마술을 봅니다. 마술사가 노리는 건 바로 그 점이지요. 우리의 눈은 동시에 여러 곳을 볼 수 없습니다. 그래서 아무리 눈을 크게 뜨고 집중해서 보더라도 반드시 놓치는 게 있게 마련이죠. 마술사는 바로 그 '틈'을 이용하는 거죠. 하니, 마술사가 우리를 속인 게 아니라 우리의 눈에 우리가 속은 거라고 할 수 있습니다. 연암 박지원은 이렇게 요술 구경 후기를 적고 나서 화담 서경덕 선생의 일화를 들려줍니다. 눈을 뜬 후 아무것도 보지 못하게 된 소경의 이야기를요. 그러니까 연암은 우리에게 이렇게 묻고 있는 겁니다. 우리가 보는 것을 믿을 수 있을까? 오히려 우리는 보이는 것 때문에 보이지 않는 많은 것을 놓치고 있는 게 아닐까? 자기가 보는 것의 한계를 인식하지 못한다면 우리는 결국 요술에 속듯 자기 자신에게 속아 넘어가게 되지 않을까?

지금 우리가 사는 세상은 마치 거대한 요술쟁이가 부리는 요술 같습니다. 자고 일어나면 유행이 바뀌고, 새것은 얼마 못 가 헌것이 되어 버리지요. 물건이든 사람이든 '업그레이드'를 하지 않으면 시대에 뒤처지고 낡은 것으로 홀대받습니다. 그래서 보이는 것들에 더욱 휘둘리는 건지도 모르겠습니다. 보는 것이 감각 중에서 가장 즉각적이거든요. 듣기 위해서는 귀를 기울여야 합니다. 누군가가 내게 전하는 말을 들으려면 소음들을 뚫고 집중해야 하고, 그에게 귀뿐 아니라 마음까지도 기울여야 하지요. 그래서 '잘 듣기'란 참 어렵습니다. 촉각도 그렇습니다. 만지기 위해서는 일단 내 몸을 움직여야 합니다. 누군가의 손을 잡고, 물건을 더듬으려면 처음에는 얼마간의 용기가 필요한 법이죠. 이런 감각들에 비해 보는 건 훨씬 수동적이고 발산적입니다. 눈은 이미지가 있는 곳이나 움직임이 있는 곳을 자동적으로 따라가게 되지요. 더군다나 시각적 영상이 한번 만들어지고 나면 우리는 개념이나 소리도 시각적인 방식으로 재생합니다. 어떤 단어나 사람을 생각할 때 머릿속에 우선 그림이 떠오르듯이 말입니다. 그래서 광고는 어떻게든 강렬한 이미지로 사람들의 시선을 붙잡아 두려 합니다. 어떤 물건을 사려고 할 때 광고의 이미지가 바로 떠오를 수 있도록 말이지요.

저는 지금 보는 것을 주로 얘기하고 있습니다만, 신체의 감각들은 그처럼 세계에 대한 특정한 이미지를 형성하고, 우리는 이를 통해 세계에 대한 앎을 구성합니다. 감각이란 한없이 약하여 속기 쉬운 것인데도, 특정한 감각을 마음에 새겨 넣음으로써 사물이나 사건에 대한 편견을 형성하는 것이죠. 흔한 예로, 우연히 목격한 친구의 어떤 행위가 자신이 아는 것과 다를 경우, 우리는 친구에게 묻거나 자신이 잘못 봤을 가능성을 생각하지도 않고 바로 판단을 내리지 않습니까? '넌 날 배신했어!', '지금까지 내가 알았던 네 모습은 다 가짜야!' 하는 식으로요. 물론 그럴 수도 있겠지요. 하지만 그렇지 않을 수도 있습니다. 그런가 하면, 특정한 이미지에 현혹되어 본 것을 그대로 믿어 버리는 경우도 있습니다. 제품과 제품을 선전하는 유명인의 이미지를 혼동하는 경우가 그렇죠. '저 화장품을 쓰면 나도 꿀피부가 되겠지?', '저 헤드폰을 쓰면 음악이 더 잘 들릴 거야.' 하는 식의 환상은 그렇게 생겨납니다.

다시 말하지만, 우리는 이런 식으로 자신이 보고 듣는 것에 속아 넘어갑니다. 아, 물론 그렇다고 해서 감각을 전부 부정하고 감각 너머에 뭔가가 있을 거라고 생각해서는 곤란합니다. 우리가 감각하는 것이 세상이라고 믿는 것도 어리석지만, 감각하는 것 외에 '진짜 세상'이 따로 있을 거라고 생각하는 것도 위험하지요. 그건 결국 우리의 펄떡거리는 몸과 마음을 부정하는 것이거든요. 우리가 속아 넘어간다는 사실 때문에 우리 자신을 부정할 것이 아니라 우리 자신이 그런 존재임을 잊지 않는 게 중요합니다. 내가 감각하는 것이 세계의 전부가 아니라는 걸 인정해야 한다는 것이죠. 감각하는 것을 그대로 믿어 버리면 현실하고 동떨어진 자기만의 망상 속에 갇힐 수가 있습니다. 이미지와 현실을 혼동하게 되는 겁니다. 게임은 게임일 뿐인데 게임의 세계를 실생활과 혼동한다든지, 미디어에서 본 이미지에 자신을 맞추려고 하다 보면, 정작 우리가 살아가는 이 생생한 현실을 부정하게 되고, 그 결과 모든 관계에서도 고립을 자초하게 됩니다. 자기 자신의 감각에 속아서 이 세상 전체를 거대한 환영(幻影)으로 만들어 버리는 것이죠. 그 모습이야말로 연암이 들려준 이야기 속의 소경과 다를 게 없습니다. 눈을 떴지만 아무것도 보지 못하는 '눈뜬장님'.

아, 소경의 이야기를 들은 서화담 선생이 뭐라고 대답했는지 궁금하지 않으세요? 지팡이도 소용없다며 엉엉 우는 소경에게 서화담 선생이 이렇게 말했답니다.

"도로 네 눈을 감아라. 바로 거기에 네 집이 있을 것이다."

눈이 있어도 제대로 볼 수 없다면 무용지물입니다. 또 눈만 믿고 다른 것은 믿지 못한다면 그 역시 소경과 다를 게 없습니다. 서화담 선생은 '눈뜬소경'들에게 이렇게 말하고 있는 거지요. 길을 찾으려거

우리가 감각하는 것이 세상이라고 믿는 것도
어리석지만, 감각하는 것 외에
'진짜 세상'이 따로 있을 거라고 생각하는 것도
위험하지요.

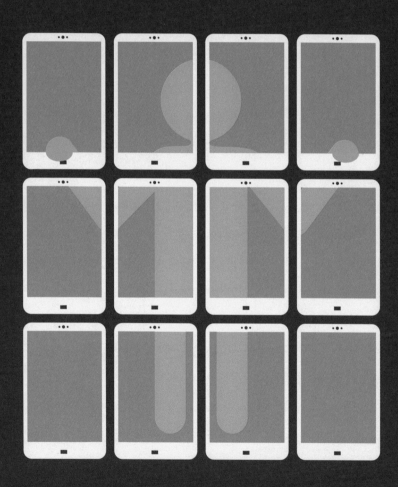

든 너의 두 발을 믿어라. 지팡이를 짚을 수 있는 땅을 믿어라. 그리고 너와 부딪히는 사람들을, 너를 위해 길을 내어 줄 주위의 사람들을 믿어라. 그것이 내 눈에 속지 않을 수 있는 방법입니다.

아주 먼 옛날, 숙이라는 남해의 제왕과 홀이라는 북해의 제왕이 있었습니다. 이들이 중앙의 제왕인 혼돈을 만나 융숭한 대접을 받고 돌아왔죠. 그게 고마웠던 숙과 홀은 혼돈에게 무얼 해 줄까 고민하다가, 자신들에게는 있고 혼돈에게는 없는 것을 선물하기로 했습니다. 다름 아닌 '구멍'이었습니다. 보고, 듣고, 먹고, 숨 쉬는 구멍이 혼돈에겐 없었거든요. 그 구멍들을 통해 감각하고, 그렇게 감각한 것들로 지식을 구성할 수 있다고 믿었던 숙과 홀은 혼돈에게 구멍을 뚫어 주는 것이 최고의 선물이라고 생각했습니다. 그러나 결과는? 끔찍하게도, 선물을 받은 혼돈은 죽고 말았습니다. 『장자』「응제왕」편에 나오는 이야기입니다. 인간의 감각에 바탕을 둔 지식이 모든 편견과 차별을 초래한다고 믿었던 장자는 우리에게 이렇게 질문합니다. 우리가 보고 들은 것들이 정말 진리인 걸까? 자신이 본 것을 남도 똑같이 봐야 한다고 생각하는 것보다 더 큰 폭력이 있을까? 우리의 앎이란 어쩌면 각자의 감각을 중심으로 만들어 낸, 단편적이고 일그러진 파편에 불과하지 않을까?

우리가 사는 이 세계로 다시 돌아와 봅시다. 세계에서는 매일매일 마술이 펼쳐지고 있습니다. 우리는 휘둥그런 눈으로 그 마술을 지켜

봅니다. 하지만 조심하세요! 마술에 시선을 뺏긴 사이에 누군가가 우리의 영혼을 훔쳐 갈지도 모르는 일이니까요.

전장(戰場)에서 피어오르는 앎 게으름뱅이의 비극

휴일 아침 늦잠은 그야말로 '꿀잠'입니다. 그러나 어김없이 이 달콤한 꿀잠을 깨우는 잔소리가 들려옵니다. 학창 시절에 제 아버지는 늘 저를 이렇게 깨우셨죠. "딸내미, 해가 중천에 떴는데 아직도 잠을 자면 어떡해? 빨리 일어나. 게으름 피우다 소 된다." 깨어 보면 이른 아침임을 알고는 속았다고 분노했지만, '해가 중천에 떴다'는 기상 알람은 꽤 효과적이었습니다. 그렇게 훈련된 덕분인지, 한낮까지 늘어지게 자는 걸 별로 좋아하지 않습니다. '난 이만큼 게으르다.'라고 선언하는 것 같아서 말이죠. 게으른 사람에게는 보통 그냥 '게으르다'고 하지 않고 '게을러터졌다'거나 '게을러빠졌다'는 식으로 극한의 표현을 씁니다. 게으름의 결과에 대한 경고인 걸까요? 게으르면 일이 엉망이 되거나(터지다) 난관에 봉착하게 된다(빠지다)는, 뭐 그런 의미이겠지요? 어쨌거나 우리는 외칩니다. 휴일엔 한껏 게을러지고 싶다! 그런데 문제는, 이 게으름이 단지 몸의 문제가 아니라 정신의 문제이기도 하다는 사실입니다.

73

공자님 제자 중에 재여(宰予)라는 자가 있습니다. 변론을 잘했다고 도 하고, 상당히 실리적인 인물이라고 알려져 있지요. 그런데 재여가 어느 날 평상에서 낮잠을 좀 잤던 모양입니다. 그걸 본 공자님이 이렇 게 한 말씀하시죠.

"썩은 나무에는 조각을 할 수 없고(朽木不可雕也) 거름흙으로 쌓은 담에는 흙손질을 할 수 없다(糞土之牆不可杇也). 내가 재여 너에게 무엇 을 탓하겠느냐(於予與何誅)."

조각을 하려면 나무의 겉과 속이 단단해야 합니다. 그래야 깎아도 부러지거나 바스러지지 않겠죠. 또 담장을 쌓는 흙은 흙손으로 토닥 토닥 다지면 매끈해질 수 있게끔 부드럽고 고와야 합니다. 오물이 섞 여 거칠거칠한 흙 반죽은 잘 뭉쳐지지도 않고 표면도 거칠거칠해서 금세 균열이 생길 게 뻔하니까요. 그러니까 공자님은 재여에게 이렇 게 말씀하신 거죠. 넌 썩은 나무요, 거름흙 같은 사람이라 욕할 가치 도 없다! 허억, 낮잠 좀 잤을 뿐인데, 공자님도 너무하시지요? 물론, 단지 낮잠 좀 잤다고 이렇게 심한 말씀을 하신 건 아닙니다. 말은 뺀 지르르하게 잘하는 재여가 정작 행동은 말과 같지 않음을 보고 실망 하여 하신 말씀이지요. 어쨌거나 부단한 공부를 중시했던 공자님 눈 에 설렁설렁한 재여가 맘에 안 들었던 것만은 분명합니다.

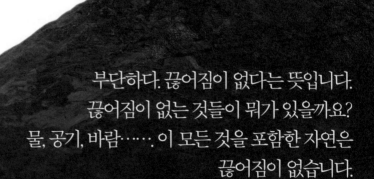

부단하다. 끊어짐이 없다는 뜻입니다.
끊어짐이 없는 것들이 뭐가 있을까요?
물, 공기, 바람……. 이 모든 것을 포함한 자연은
끊어짐이 없습니다.

부단(不斷)하다. 끊어짐이 없다는 뜻입니다. 끊어짐이 없는 것들이 뭐가 있을까요? 물, 공기, 바람……. 이 모든 것을 포함한 자연은 끊어짐이 없습니다. 끊어짐이 없다는 건 머물지 않고 늘 움직인다는 것이지요. 해는 끊임없이 뜨고, 물은 끊임없이 흐릅니다. 그래서 썩는 법이 없습니다. 부단히 움직이며 날마다 새로워지지요. 공자가 제자들에게 '부단함'을 강조한 건 공부 또한 그래야 한다는 것이었습니다. 그렇다고 이걸 이런 식으로 오해하면 곤란합니다. '쉬지 말고 공부해! 잠도 자지 말고 공부해! 남들을 이기려면 얼리 버드가 되어야 해!' 설마, 그래서야 공자님이 인류의 스승일 수 있겠습니까?

게으름은 무엇보다도 욕망과 연관됩니다. 각자 자신을 한번 돌아보세요. 어떤 일에 게으르고 어떤 일에 부지런한지에 대해서요. 우리는 게으름을 어쩔 수 없는 거라고 생각하는 경향이 있는데, 사실 그렇지 않습니다. 가만히 보면, 한없이 게으른 사람도 뭔가에는 굉장히 부지런하거나 민첩합니다. 예컨대, 다른 일은 다 느릿느릿 미루면서도 돈이 되는 일이라면 번개처럼 달려들어 해치우는 사람들이 있는가 하면, 한없이 게을러도 먹는 일은 절대 때를 놓치지 않는 사람들도 있습니다. 지각이나 결석만 해도 그렇습니다. 제가 공부하는 연구실에선 누가 얼마나 글을 잘 쓰는가 하는 것보다도 그가 얼마나 성실한가를 중시합니다. 성실하다는 건 다른 게 아니라 지각과 결석이 없다는 겁니다. 지각을 하면 우리는 흔히 이런 평계를 댑니다. 차가 너무 막혔다, 갑자기 일이 생겼다, 몸이 안 좋았다, 일이 너무 늦게 끝났다……. 물론 정말 그런 일이 있을 수도 있죠. 하지만 우리 자신은 압니다. 차가 막힐 줄 알면서도 서둘러 나가지 않고 뭉그적거리고 있는 자기 모습을, 당장 처리할 일이 아닌데도 '갑자기 생긴 일'을 굳이 하면서까지 나가기를 미루고 있는 자기 모습을요. 정말 만나고 싶은 사람을 만나러 가는 길이거나 자신이 갖고 싶은 물건을 받으러 가는 길이라면 그렇게 늑장을 부리겠어요? 요컨대, 일이 생겨 지각하는 게 아니라 지각하고 싶은 마음이 '지각'이라는 사건을 발생시킨다는 얘깁니다. 그러니 지각도 늘 하는 사람들이 하는 법이지요.

공자가 재여에게 화를 낸 건 '단지' 잠을 잤다는 이유만은 아니었을 겁니다. 재여의 낮잠 속에 담긴 재여의 욕망, 즉 대충해도 난 할 수 있다는 오만과 공부보다 잿밥에 관심이 많은 재여의 마음을 꿰뚫어 본 것이겠지요. 재여의 이런 태도가 바로 게으름입니다. 우리가 한없이 게으름을 피우는 건 하는 일 자체에 마음이 없기 때문입니다. 다시 말해, 게으름이란 하고 있는 행위에 우리의 마음을 다하지 않는 것입니다. 이거야말로 공부의 적이지요. 공부 자체가 아니라 출세나 성공을 위해, 혹은 다른 어떤 목적을 위해 공부를 하게 되면, 아무리 열심히 해도 게으른 겁니다. 마음에서 비롯된 게 아니니까요. 그런 공부에는 '부단함'이 결여되어 있지요. '알다'라는 단어에는 '간다'라는 말이 많이 붙습니다. 알아-간다. 네, 아는 건 알아-가는 과정입니다. 끝도, 끊어짐도 없다는 얘기죠. 반대로, '모르다'를 '몰라-간다'라고는 하지 않는 건, 모른다는 것이 모르는 채로 머무르고자 하는 게으름의 상태이기 때문이죠. 앎은 그 자체로 목적을 갖지 않을 때, 결과가 아니라 '과정'으로 존재할 때 성립합니다.

공부가 즐겁지 않으신가요? 알아-가는 게 기쁘지 않으세요? 그렇다면 그건 아마도 우리 시대에 '앎'이 특정한 목적을 달성하기 위한 수단으로 전락한 탓일 겁니다.

다른 한편으로, 게으름과 부지런함은 관성에 대한 태도와 연관됩니다. 외부에서 힘이 가해지지 않는 한 모든 물체는 자기의 상태를 유지하려고 하는 경향을 갖는다는 관성의 법칙 말입니다. 이 법칙은 신체뿐 아니라 정신에도 적용됩니다. 자신이 좋아하고 싫어하는 것에 대한 취향이 여간해선 잘 바뀌지 않는 것도 그 때문이지요. 그뿐입니까? 한번 믿은 건 계속 믿으려 하고, 한번 입력된 내용은 잘 바뀌지 않고 그대로 굳어 버립니다. 작심삼일(作心三日)이라고, 마음을 아무리 굳게 다져도 삼 일이 못 가 흐지부지되고 마는 것 역시 관성의 힘이지요.

　운동이든 다이어트든 일단 세 달 정도는 해야 한다고들 합니다. 기도를 해도 100일쯤은 해야 무언가를 간절히 빌었다고 할 수 있구요. 아, 그러고 보니 단군 신화에 나오는 웅녀도 마늘만 먹으면서 100일을 버틴 끝에야 사람이 되었네요. 그러니까 100일 정도는 돼야 기존의 관성이 겨우 바뀌기 시작한다는 얘깁니다. 공부도 그렇습니다. 뭐든 처음 배우는 건 어렵고 낯설죠. 그러다 보니 거부하는 마음이 불쑥불쑥 솟아오릅니다. 이해도 잘 되지 않을뿐더러 자신이 생각하고 있던 것과 달라서 자꾸 부대끼거든요. 아, 내가 알던 게 다가 아니었구나, 하고 생각하면 될 텐데, 그게 잘 안 되는 거죠. 그래서 굳센 결심을 가지고 시작해 놓고도 중간에 그만 포기해 버립니다. 이건 아닌 것 같아, 나랑 맞지 않아, 그러면서요. 하지만 다른 걸 공부하려 해도 상황은 반복됩니다. 그런 점에서, 공부의 조건은 지능이 아니라 끈기라고 할 수 있습니다. 몰라도, 자신이 생각하던 것과 달라도, 일단은 쭉 해야 합니다. 언제까지? 굳어 버린 기존의 생각이 좀 더 말랑말랑해질 때까지, 또 다른 생각의 길들이 만들어질 때까지요. 이렇게 되기까지의 '100일'을 못 견디고 중도에 포기하는 자들이 바로 '게으름뱅이'인 것이죠.

　공자의 또 다른 제자 중에 염구(冉求)라는 자가 있었습니다. 그가 선생님을 따라 공부하는 게 너무 힘이 들었는지, 하루는 이렇게 푸념했지요. "선생님의 도(道)를 기뻐하지 않는 것은 아니지만 제 능력

게으른 자들은 실험을 좋아하지 않습니다.
귀찮아 죽겠는데, 실패할지도 모르는 일을
애초에 뭣하러 하겠어요.
하지만 알고자 하는 자들은 끊임없이 실험합니다.

이 부족합니다." 아주 익숙한 멘트지요? 우리도 흔히 그러잖아요. 선생님 말씀이 좋은 건 알겠는데요, 그걸 할 수 있을까요? 저는 못할 거 같은데요. 그런 염구에게 공자가 이렇게 말합니다.

"능력이 부족한 사람은 중도에 그만두는데, 지금 너는 네 자신의 능력을 한정하고 있구나(力不足者 中道而廢 今女畵)."

어쩐지 뜨끔하지요? 힘이 부족한 걸 어떻게 아는가? 하다가 쓰러지면 그때 아는 거지요. 그런데 지금 염구는 해 보지도 않고 '힘이 부족하다'며 꽁무니를 빼고 있는 겁니다. 그 위대한 공자에게도 이렇게 속 썩이는 제자들이 많았네요. 아무튼, 무슨 일이건 일단은 하는 게 중요합니다. 마음을 다해 부단히 하다 보면 어느 순간 100일이 되고, 그렇게 한 고비를 넘으면 서서히 관성의 힘에서 벗어나 어디로든 방향을 틀 수 있는 힘이 생기기 시작합니다.

철학자 니체(Friedrich Wilhelm Nietzsche, 1844~1900)는 '신념'을 좋아하지 않았습니다. 그가 생각하기에 신념이란 '정신의 태만'에 다름 아니었거든요. 얼핏 보면 하나의 신념을 일관되게 지키는 사람이 위대해 보일지 모르지만, 사실 그는 관성의 힘에 지배당한 자입니다. 가던 길을 계속 고집하는 것, 한번 붙잡은 것을 결코 놓지 않는 것, 그게 곧 정신의 게으름이고, 이 게으름으로 인해 의견들이 신념으로 굳어진다는 얘깁니다. 사실, '보수'라는 것도 특정한 견해를 지지해서 보수인 게 아니라 늘 하나의 견해만을 주장하기 때문에 보수인 겁니다. 그러니까 '진보적 견해'와 '보수적 견해'가 따로 있는 게 아닙니다. 자신의 견해를 신념으로 굳히는 '보수'가 한편에, 자신의 견해가 절대적이지 않음을 알고 관성으로부터 비껴가는 용기를 지닌 '진보'가 또 한편에 있는 것이지요. 게으른 보수들은 남의 말에 귀 기울이지 않습니다. 자신의 견해만을 줄기차게 신봉하면서 남의 견해를 짓밟고 욕하죠. 우리 사회의 여러 집단, 개인이 보여 주는 편견, 독단, 독선 등은 모두 게으름의 산물입니다.

앎이란 그런 게으름과의 싸움 속에서 형성됩니다. 아니, 앎 자체가 바로 전투의 과정이랄 수 있습니다. 자신이 도달하고자 하는 목적 이외에는 아무것에도 관심을 두지 않는 게으름, 한번 결정된 상태를 계속 유지하려고 하는 관성적 게으름과의 싸움이지요. 앎은 이 게으름과의 전투 속에서 자연스럽게 몸에 새겨지는 근육 같은 거라고 할 수 있습니다. 알아-가는 과정이란 결국 자기 안에서 자기를 갱신해 가는 과정인 것이지요. 때문에 '부지런한 자'가 된다는 건 누구'보다' 앞서고 누구'보다' 빠른 '얼리 버드'가 되는 것과는 아무 상관이 없습니다.

게으른 자들은 실험을 좋아하지 않습니다. 귀찮아 죽겠는데, 실패할지도 모르는 일을 애초에 뭣하러 하겠어요. 하지만 알고자 하는 자들은 끊임없이 실험합니다. 실험을 통해서만 자신의 '신념'을 깨고 세계에 대한 다양한 관점을 가질 수 있기 때문이지요. 앎을 구성하는 것, 그것은 바로 부단한 자기 실험입니다.

한껏 게을러지고 싶으세요? 원하신다면. 하지만 그러다 언젠가 몸이 굳고 생각이 굳어, 아무리 움직이려 해도 움직일 수 없는 돌덩어리가 될 수 있다는 걸 부디 기억하시길.

움직이고 접속하라! 앎, 관계들의 우주

상식 박사, 척척박사. 워킹 딕셔너리. 이런 종류의 캐릭터를 가진 친구들이 주변에 하나씩은 있을 겁니다. 이건 이렇고, 저건 저렇고, 이런 건 이렇게, 저런 건 저렇게, 뭐든 물어보면 척척 대답합니다. "으아, 저 친구는 어쩜 저렇게 아는 게 많을까!" 하는 주변의 감탄에 힘입어 그들은 더 많은 지식을 쌓기 위해 오늘도 분주합니다. 그런데 말이죠, 이런 척척박사들이 의외로 허당인 경우가 많습니다. 이론적으로는 박사인데 실제 상황에서는 결정적으로 무력하다는 얘기죠. 예컨대, 어떻게 전기는 어떻게 발생하고, 물질의 전도(傳導)는 어떻게 이루어지고, 물질 간의 화학 반응이 어떤지는 빠삭하게 알고 있더라도, 그가 위험 상황에서 이 모든 앎을 응용할 수 있는지는 별개의 문제입니다.

아실지 모르겠지만, 예전에 잘나가던 드라마 주인공 중에 맥가이버라는 인물이 있습니다. 그는 머리로 척척박사가 아니라 몸으로 척척박사였지요. 빰빰빰~ 하는 음악과 함께, 맥가이버는 어떤 상황에 처하더라도 주위의 물건을 사용해 위기 상황을 극복합니다. 그 어떤 박사라도 온몸에서 앎을 발사하는 맥가이버 앞에서는 찌그러질 수밖에 없지요. 그를 보고 있노라면 앎이 뇌에 저장되어 있다는 상식이 의심스러워집니다. 이른바 '똑똑한 이들'에 대해서도 회의가 생기구요. 앎은 도대체 어디에 있다가 현실 속에서 힘을 발휘하는 걸까요? 거꾸로, 현실 속에서 아무런 힘도 발휘하지 못하는 척척박사들, 그들의 문제는 뭘까요? 멋진 맥가이버를 보면서 제가 품었던 질문입니다.

레비-스트로스(Claude Levi-Strauss, 1908~2009)라는 인류학자가 있습니다. 그는 서양=문명, 비서양=야만이라는 당시 서양인들의 자부심에 의문을 품고, 비서구인들의 문화를 탐구하기 시작했지요. 그가 쓴 인류학의 고전 『야생의 사고』에는 '브리꼴뢰르(bricoleur)'라는 흥미로운 개념이 등장합니다. 브리꼴뢰르란 '잡다한 것을 가지고 새로운 물건을 만드는 사람'을 이르는 말입니다. 바로 맥가이버지요! 좋은 재료에 완벽한 레서피를 가지고도 맛없는 요리를 만들어 내는 이들이 있는가 하면, 재료도 없고 레서피도 '대충'밖에는 없는데 기가 막힌 요리를 만들어 내는 이들도 있잖습니까? 그 또한 브리꼴뢰르입니다. 원시 부족들은 문명화된 서양인들처럼 체계적인 이론이나 책은 없

좋은 재료에 완벽한 레서피를 가지고도
맛없는 요리를 만들어 내는 이들이 있는가 하면,
재료도 없고 레서피도 '대충'밖에는 없는데
기막힌 요리를 만들어 내는 이들도 있습니다.

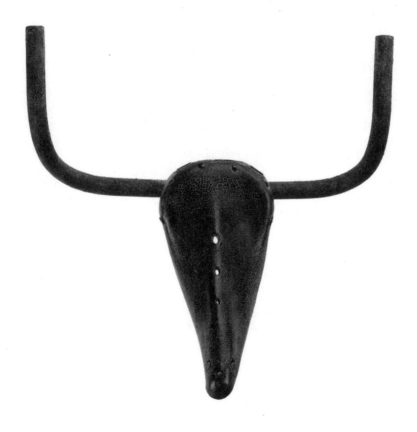

파블로 피카소, 「황소 머리」, 1942

지만, 이러저러한 사실과 자연 현상, 인간관계 등을 이렇게 저렇게 엮어서 '신화'라는 풍부한 세계를 창조합니다. 그들에게 '아는 자'란 브리꼴뢰르요, 앎이란 신화처럼 엮인 조각보, 즉 브리꼴라쥬(bricolage)인 것이지요. 다시 말해, 그들에게 앎이란 세계에 대한 '설명'이 아니라 세계의 현상들과 인간의 경험들, 여러 관계들로 구성된 한 폭의 그림 같은 것입니다.

지금 우리는 '육식의 시대'를 살고 있습니다. 물론 육식이야 인류가 존재하면서부터 있어 왔지요. 하지만 우리에겐 육식에 대한 스토리가 없습니다. 어디서 어떻게 죽는지도 모르는 동물들이 깨끗하게 가공 처리되고 진공 포장된 채 우리 앞에 '부위'별로 도착한다는 걸 생각하면 당연한 일입니다만. 때문에 "고기, 고기"를 입에 달고 살면서도, 우리가 먹는 동물들과 우리 자신의 관계는 철저히 배제되어 있습니다. 아니, 고기 하나 먹는 데 무슨 관계까지 들먹이냐구요? 정말 그럴까요? '먹는다'는 일상적 행위는 앎과 무관할까요?

북아메리카의 고원 지대에 사는 톰슨 인디언들은 야생 염소나 곰을 사냥해서 먹고 살아간다고 합니다. 이들에게 사냥은 아무 때나 마구잡이로 해도 되는 '포식자의 특권'이 아니라 여러 가지 규율을 지켜야 하는 의식(儀式)이었습니다. 의식에는 늘 그 의식을 정당화하는 특정한 이야기가 따르는 법이지요. 그들의 이야기 중 하나를 들려드리겠습니다.

　부족의 어떤 아버지와 아들들이 야생 염소를 잡으러 길을 떠났습니다. 어찌어찌 한 마리를 겨우 잡아 가지고는 정해진 규율에 따라 기도를 드리고 가죽을 벗기고 고기를 잘랐지요. 그러고서 집으로 돌아오는데 막내아들 앞에 한 여인이 나타났습니다. 자신을 따라오면 뛰어난 사냥꾼이 될 수 있는 지식을 얻을 수 있을 거라는 말에, 그는 여자를 따라갔습니다. 따라 걷다 보니 그 여자는 높은 절벽 위 바위틈으로 들어가는 게 아니겠습니까. 그 바위틈으로 따라 들어간 후 그는 정신을 잃었고, 정신을 차리고 보니 동굴에는 수많은 야생 염소들이 있었답니다. 그에게 여자가 말합니다. 여기는 야생 염소의 동굴이요, 자신은 그의 아내이며, 실은 자신도 야생 염소라구요. 그는 야생 염소 가죽을 뒤집어쓰고 '아내 염소'와 함께 즐거운 시간을 보냈습니다. 그러나 며칠 후 '아내 염소'는 그에게 작별을 고하며 이렇게 말합니다.

　"당신은 이제 훌륭한 사냥꾼이에요. 당신은 야생 염소가 사람이라는 걸 잘 알고 있어요. 그러니까 야생 염소를 죽이거든 사체를 다룰 때 경의를 표해야만 해요. 당신은 모든 암염소들과 관계를 가졌으므로, 암염소들은 당신의 아내이며 당신의 아이를 낳을 거예요. 그러니까 절대로 쏴서는 안 돼요. 새끼 염소는 당신의 자손인 셈이니까요. 처남에 해당하는 숫염소들만을 쏘세요. 그들을 죽이더라도 미안한 마음을 가질 필요는 없어요. 왜냐하면 정말로 죽는 게 아니라 단지 집으로 돌아가는 것일 뿐이니까요."

— 나카자와 신이치, 『곰에서 왕으로』에서

나는 염소고, 염소는 나다. 인간과 염소는 그렇게 '한집'에서 살고 있다. 내가 우월한 사냥꾼이라 염소를 잡는 게 아니라 나와 똑같은 존재인 염소들이 우리에게 자신을 내주는 것이다. 그러므로 우리는 함부로 그들을 죽여선 안 된다. 특히 암컷이나 새끼 염소를 죽여선 안 되며, 인간은 염소를 먹기 전에 자신을 내준 염소에게 경의를 표해야만 한다. 톰슨 인디언들은 이런 식으로 동물과 자신의 관계를 스토리화한 것입니다. 이렇게 세계에 대한 앎을 구성하고, 그 앎을 통해 동물과 자신의 관계를 구축한 인간들에게 '고기를 먹는다'는 것이 지금의 우리가 '고기를 먹는다'는 것과 같을까요? 동물과 세계에 대한 이들의 '신화적 앎'은 단지 상상적인 것일 뿐, 현대인들의 '합리적 앎'보다 열등한 것이라고 할 수 있을까요? 이들에게 앎이 지금의 우리에게처럼 지능이나 학력이라는 척도에 의해 평가될 수 있을까요?

화제를 돌려 보겠습니다. 편모를 가진 단세포 세균들이 작동하는 방식은 무척 흥미롭습니다. 이 세균은 회전 운동을 통해 이동을 하거나 제자리에서 흔들거리는데요, 작은 설탕 알갱이가 놓인 환경에 이 세균을 넣으면 제자리 운동을 멈추고 회전 방향을 조절해 설탕 농도가 진한 곳으로 움직이기 시작한답니다. 뇌도 없는 단세포 세균이 어떻게 이런 똑똑한 짓을 할 수 있는 걸까요? 세균의 막에는 설탕과 특정한 방식으로 작용하게 만드는 특수한 분자들이 있는데요, 세균 가까이에서 설탕의 농도가 감지되기 시작하면 내부에서 변화가 일어나 회전 운동의 방향이 바뀐다는 겁니다. 다시 말해, 감각과 운동 사이에 관계가 확립되면서 설탕을 향해 이동하기 시작하는 거죠. 그러니까 우리가 흔히 생각하듯, 외부에 어떤 대상이 있음을 뇌로 인식한 다음에 그것을 향해 움직이는 게 아니라는 겁니다. 사태는 정반대입니다. '인식 활동' 없이도 온몸으로 환경과 상호 작용하는 운동을 통해 자신에게 필요한 걸 찾아가는 거죠. 쓰레기더미에서도 이 세균은 설탕 농도가 가장 진한 곳을 기가 막히게 잘 찾아갈 수 있다고 합니다. 고도의 인식 능력을 가졌다는 우리 인간은 뭐가 자신에게 필요하고 필요하지 않은지도 몰라 늘 헤매는데 말입니다.

톰슨 인디언 신화와 단세포 세균의 놀라운 능력은 우리의 인식 활동에 대해 많은 생각을 하게 합니다. 인식 활동이란 대상을 전제로 한 주체의 의식적(意識的) 활동이 아니라 우리가 이 세계 및 다른 존재들과 맺는 무의식적 관계들로 구성된 브리꼴라쥬라고 할 수 있습니다. 때문에 모든 앎에는 관계의 흔적이 새겨져 있게 마련입니다. 내가 세계를 경험한 방식, 다른 존재들과 관계 맺는 방식, 세계를 욕망하는 방식이 나의 앎을 구성하는 것이지요. 그렇다면 앎을 풍요롭게

온몸의 촉수를 뻗어
세상에서 일어나는 일들을 감지하면서
이것저것과 부지런히 접속하는 이들에게
앎이란 생생한 한 떨기 꽃과 같습니다.

하는 것은 지능이 아니라 관계 맺는 능력이라고 하겠습니다. 앞에서 말한 '척척박사'의 무능력은 결국 실제 상황에서 관계 맺지 못하는 무능력이요, 맥가이버 같은 브리꼴뢰르의 능력은 이 관계 맺음의 능력인 셈이지요.

몸의 건강에 대해서도 같은 관점을 적용할 수 있습니다. 몸의 건강이란 날씨의 변화라든가 음식에 대해 갖는 적응력이라고 할 수 있습니다. 날씨가 변할 때마다 덜컥 병에 걸린다거나 음식이 조금만 달라져도 쉽게 앓는 사람들은 환경과 관계 맺는 신체 능력이 떨어진다고 볼 수 있겠지요. 반대로, 건강하다는 건 이러저러한 변화 상황에 대해 유연하게 접속할 수 있는 신체 능력을 의미하는 것일 테구요. 그렇다면 정신에 대해서도 같은 얘길 할 수 있을 겁니다. 정신의 건강이란 변화하는 환경 속에서 다양한 생각들과 접속할 수 있는 능력이요, 정신의 나약함이란 나와 다른 생각들을 견디지 못하는, 혹은 다른 생각들을 받아들일 수 없는 무능력에 다름 아닙니다.

사람은 사람이고 염소는 염소지, 어떻게 사람이 염소일 수 있단 말인가 하고 생각하거나, 인간을 제외한 모든 것들은 인식 능력이 없으므로 어떻게 되든 상관없다고 생각하는 이들에게 앎이란 하나의 관념일 뿐입니다. 향기도 없고 시들지도 않는 조화(造花) 같은 것이지요. 하지만 온몸의 촉수를 뻗어 세상에서 일어나는 일들을 감지하면서 이것저것과 부지런히 접속하는 이들에게 앎이란 생생한 한 떨기 꽃과 같습니다. 오묘한 향기와 빛깔을 지닌 채 활짝 피었다가 시들고, 벌과 나비를 맞이하고, 씨를 남기는 그런 꽃이요. 물론, 이것저것 접속하는 과정에서 상처를 받거나 넘어질 수도 있습니다. 하지만 그런 과정을 통해 면역력이 강해지고, 그럴수록 접속력도 커집니다. 더 다양한 꽃들이 피어날 거구요.

세계는 '머리'로 알아지는 게 아닙니다. 몸으로 부딪치면서 알아- 가는 것이지요. 환경과 다양한 사건 사고 등, 우리 몸은 각자 살면서 마주친 것들의 흔적을 담고 있습니다. 우리의 정신 역시도 그런 마주침의 흔적들을 담고 있지요. 우리의 앎을 구성하는 것은 그런 마주침들인 셈입니다. 알고 싶으세요? 나는 왜 이 모양이고, 세계는 왜 이렇게 돌아가는지 궁금하세요? 그렇다면 움직이세요. 사방의 문을 열고 지금 있는 자리에서 나오세요. 그 다음엔? 일단 이리저리 움직이다 보면, 분명 무슨 일인가가 생길 겁니다. 무언가가 다가올 테고, 다가와 나를 건드릴 테고, 위험에 빠뜨릴 테고, 낯선 세계로 인도할 겁니다. 그러니 우선은 자기만의 앎의 세계를 깨고 나와 움직여야 합니다.

🐂 셜록, 기억의 궁전을 거닐다 _{무의식과 앎}

셜록 시리즈 좋아하시나요? 저로 말씀드리자면, 어린 시절부터 셜

나는 왜 이 모양이고,
세계는 왜 이렇게 돌아가는지 궁금하세요?
그렇다면 움직이세요.
사방의 문을 열고 지금 있는 자리에서 나오세요.

록 홈즈의 광팬이었습니다. 책이 닳도록 읽고 또 읽으면서, 읽을 때마다 감탄했었죠. 어떻게 여기서 이런 생각을 하지? 아니 어쩜 이렇게 기억력도 뛰어나고 추리력이 탁월한 걸까? 잠깐 '괴도 루팡'에 홀려 외도(?)를 하기도 했습니다만, 셜록 홈즈는 변함없는 제 우상이었습니다. 그런 제 마음속의 셜록을 영국 드라마 「셜록」은 21세기적으로 어메이징하게 시각화해 냈죠. 저 역시 시즌1, 2에 이어 시즌3을 어김없이 챙겨 봤고, 시즌4를 애타게 기다리고 있는 한 사람입니다.

셜록 홈즈를 시각화하는 데 있어서의 관건은 뭐니 뭐니 해도 그의 천재적 기억력과 믿을 수 없는 관찰력을 어떻게 표현할 것인가가 아닐까요? 「셜록」 시리즈는 컴퓨터 프로그램의 암호처럼 나타났다 사라지는 문자들을 보여 주는 식으로 이 문제를 구현했습니다. 어떤 인물을 보면 순식간에 온갖 정보들이 표면화되는데, 셜록은 이 중에서 몇 개를 연결해 그 인물에 대한 앎을 구성해 내지요. 그런 셜록을 보고 있노라면, 저 인물의 머릿속엔 거대한 궁전이 있을 거란 생각이 절로 듭니다. 거대한 기억의 궁전, 그 궁전 속을 거니는 셜록!

자신의 기억력에 대해 어떻게 평가하시는지? 대개의 경우, 자신의 기억력에 대해 이중의 잣대를 적용합니다. 암기 과목 시험을 망치고 나면 흔히들 그럽니다. "난 암기는 정말 못 하겠어! 기억력이 좋지 않다구!" 하지만 그런 사람도 어떤 일은 디테일까지 하나하나 정확하게 기억합니다. "니가 그걸 나한테 주기로 한 걸 확실히 기억하고 있어!" 참으로 고무줄 같은 기억력입니다. 이런 경우에도 알 수 있듯이, 우리는 모든 걸 기억하는 게 아닙니다. 기억하고 싶은 것만 기억하지요. 하지만 기억하고 싶지 않은 일도 완전히 지워지는 건 아닙니다. 가끔 꿈에 나타난다든가 엉뚱한 상황에서 불쑥 튀어나오는 기억들이 있는 걸 보면요.

앎은 기억과 연관됩니다. 무언가를 안다는 건 연속성을 전제로 합니다. 예컨대, 내가 사과를 안다고 하는 건 어제도 오늘도 내일도 그것이 사과임을 일관되게 안다는 것이지, 어제는 사과고 오늘은 공이고 내일은 인형이라고 한다면 사과를 안다고 할 수 없는 거지요. 그러니까 내가 지금 눈앞에 있는 것을 두고 '이건 사과다'라고 하는 건, 그것이 사과라는 기억을 떠올리는 것입니다. 언제 어떻게 사과를 알게 됐는지는 모르지만, 아무튼 기억에 새겨져 있으니까 즉각적으로 떠올릴 수 있는 것이지요.

우리의 기억을 거대한 궁전이라고 상상해 보는 건 어떨까요? 거기엔 수많은 서랍장이 있고, 서랍마다에는 우리가 스친 모든 것들과 경험한 모든 일들이 저장되어 있습니다. 개인적으로 겪은 일들은 물론 우리가 살고 있는 특정한 시공간의 경험이 전부 거기에 있죠. 그뿐만

이 아닙니다. 오랜 세월을 거쳐 진화를 거듭해 오기까지의 모든 흔적들도 저장되어 있습니다. 세포의 기억, 어류의 기억, 파충류의 기억, 심지어 지구의 기억들까지도요. 이 거대한 기억의 궁전을 '무의식'이라고도 할 수 있습니다. 우리는 이 무의식의 서랍을 열어 앎을 구성합니다. 서랍 하나를 열어 현재 속에서 펼쳐 내는 것이죠. 하지만, 미로처럼 펼쳐진 기억의 궁전 어딘가에는 아직 한 번도 열어 보지 않은 기억들이 있습니다. 우리가 잊고 있었다고 생각한 것들, 혹은 정말 까맣게 잊고 있었던 기억들, 그래서 전혀 의식하지 못했던 기억들이.

사실 우리는 늘 열던 서랍만 여는 습성이 있기 때문에 궁전 구석구석을 충분히 탐사하지 않습니다. 게다가, 경험하는 것들이 많아지면서 대충대충 아무 서랍에나 쑤셔 넣기 때문에 어디에 뭐가 있는지도 뒤죽박죽입니다. 같은 사건에 대한 기억이 다른 것은 물론, 현재의 경험들 속에서 기억이 변형되기도 하는 것은 그런 이유 때문이지요.

『잃어버린 시간을 찾아서』라는 소설을 쓴 마르셀 프루스트(Marcel Proust, 1871~1922)는 '기억'의 문제를 누구보다도 집요하게 파고들었습니다. 『잃어버린 시간을 찾아서』라는 소설 자체가 기억에 관한 모든 것을 담고 있다 해도 과언이 아닐 겁니다. 우리에게는 우선 '의지적인 기억'이 있습니다. 저 사람을 어디서 봤더라? 분명히 배웠던 건데, 정답이 뭐더라? 이렇게 애써서 떠올리려고 하는 기억이 '의지적인 기억'이지요. 이와 달리, 갑자기 불쑥 떠오르는 기억들이 있습니다. 길을 지나다 어떤 노래를 듣거나 어떤 풍경을 봤을 때, 혹은 별다른 연관 관계 없이 떠오르는 기억은 '무의지적 기억'입니다. 프루스트의 관심을 끄는 건 무의지적 기억인데요, 이와 관련해서 『잃어버린 시간을 찾아서』에 나오는 유명한 에피소드가 바로 '마들렌 에피소드'입니다.

주인공 마르셀이 홍차에 적신 마들렌을 한 입 베어 무는 순간 어린 시절에 대한 기억이 물밀듯 밀려드는 장면이지요. 이 경험을 통해 마르셀은 깨닫습니다. 우리의 생각과 생활을 구성하는 것은 기억에 의해 보존된 부정확한 인상들이라는 것을요. 뭐가 뭔지 모르는 채 '잃어버리는' 시간들의 의미를 알게 되는 건 언제나 '나중'입니다. 그러니까 우리의 현재란 과거의 의미를 깨닫게 되는 '나중'인 것이지요. 사랑이라고 생각했던 것이 실은 집착이었음을 '나중'에야 알게 되고, 의미 없다고 생각한 것들이 인생에서 가장 소중한 것이었음을 '나중'에야 깨닫게 됩니다. 그리하여 마르셀은 현재 자신이 해야 하는 건 '나중'에 깨닫게 된 그 진리들을 기록하는 것이라는 생각에 이릅니다. 우리가 헛되이 보냈다고 생각한 시간 안에 실은 모든 진실이 들어 있었구나, 그렇다면 그 진실들을 글로 써 보자! 오랜 방황 끝에 작가가 되기로 결심한 것이지요. 마르셀은 글을 쓰면서 잃어버린 시간을 하나씩 되찾아 갑니다. 이런 마르셀의 생각에 동의한다면, 글을 쓰는 일은 우리의 기억을 그대로 '복원'하는 작업이 아니라 잃어버린 시간들과 '대화'하고 지나간 사건들의 의미

앎은 기억과 연관됩니다.
무언가를 안다는 건 연속성을
전제로 합니다.

를 '발굴'하는 작업이라고 할 수 있을 겁니다.

원주민들에게는 성인이 되기 위해 치러야 하는 저마다의 통과 의례가 있는데요, 제가 아는 가장 멋진 통과 의례는 어떤 북아메리카 원주민의 것으로, 이 역시 '기억'에 관한 중요한 의미를 담고 있습니다. 이들은 여인이 아이를 잉태하면 부족 사람들 모두가 한자리에 모인답니다. 그 자리에서 부족의 영적 지도자인 샤먼이 잉태된 아이에게 이렇게 묻는다는군요. "아이야, 너는 누구니? 이 세상에 왜 오려고 하니? 와서 무엇이 되려고 하니?" 그러면 샤먼을 통해 아이가 이런 식으로 대답한답니다. "나는 우리 할아버지의 할아버지의 할아버지입니다. 나는 태어나서 멋진 사냥꾼이 될 겁니다."라구요. 열 달 후 아이가 태어나고, 시간은 흘러 흘러 어느덧 아이는 열다섯 살의 청년이 됩니다. 성년이 되기 위한 통과 의례를 치러야 하는 나이가 된 겁니다. 이들의 통과 의례는 컴컴한 동굴로 들어가 자신이 엄마 배 속에 있을 때 했던 답을 기억해 내는 것! 그러니까 성인이 된다는 건, 자신이 누구이고 무엇을 하려 하는지에 대해 '스스로' 답하는 것입니다. 이 답을 '기억해 내는(remember)' 자만이 비로소 사회의 '새로운 멤버(re-member)'로서 인정받게 되는 것이지요. 그러니까 이들에게 '기억'이란 두 가지 의미를 가집니다. 우선, 내 존재가 오래전에 세상을 살다가 떠난 존재들(할아버지의 할아버지의 할아버지)과 연결되어 있음을 아는 것이고, 둘째로, 모든 인간은 자기의 삶을 스스로 결정해야 할 의무가 있음을 아는 것이지요. 이들에게 '기억'이란 그처럼 무의식 깊은 곳으로 들어가서 자기만의 의미를 길어 올려 현재로 되돌아오는 여행입니다.

그러고 보면, 우리 현대인의 앎이란 얼마나 단순하고 얄팍한지요. '똑똑하다'는 것이 기껏해야 좋은 점수를 받는 것에 불과하고, '기억한다'는 것이 고작 많은 정보를 입력하는 '용량'의 크기를 의미할 뿐이니 말입니다. 우리가 셜록에게 감탄하는 건 단지 그의 '기억 용량'이 크기 때문이 아닙니다. 우리가 스쳐 버리는 것들을 주의 깊게 관찰하고, 관찰하면서 기억의 궁전을 거니는 그의 부지런함이 경탄스러운 것이지요. 셜록은 '지금 순간'을 놓치지 않습니다. 그는 현재의 순간을 붙들고 기억의 궁전으로 순간 이동합니다. 거기서 '지금 순간'을 다르게 해석할 수 있는 모든 서랍을 열어젖힙니다. 때문에 우리가 몇 개의 서랍만을 열어 상식과 편견과 습관으로 판단하는 사건을 그는 아무도 상상하지 못한 방식으로 해석할 수 있는 것입니다.

프루스트는 어떻습니까? 그는, 우리가 경험하는 모든 것은, 설령 그것이 상처를 주고 해를 입히는 것이라 할지라도, 우리에게 어떤 배움을 준다는 사실을 깨닫습니다. 우리의 기억, 수면 아래 잠긴 무의식은 불필요하고 해로운 쓰레기더미가 아니라 우리의 현재를 있게 하는 토양입니다. 미래가 중요하다구요? 앎은 늘 미래를 대비하는 미래지향적인 것이어야 한다구요? 아니요, 프루스트는 반대로 말합니다. 우리에게 중요한 건 미래가 아니라 과거라구요. 과거에 나를 스쳐간 모든 사건들, 그것이 지금의 나를 만들고, 나의 '지금'은 과거의 기억들과 어떻게 관계를 맺는가에 따라 다른 빛깔을 지니게 된다구요. 그런가 하면 북아메리카 원주민들에게 기억한다는 것은, '나'란 고립된 개체가 아니라 거대한 시공간과 연결된 '우주적 존재'임을 깨닫는 것을 의미합니다.

 '기억의 달인'들인 셜록과 프루스트와 북아메리카 원주민들에게 앎이란 무엇일까요? OX와 흑백을 가릴 수 있는 얄팍한 지식은 분명 아닐 겁니다. 그들에게 앎이란 시간과 공간의 경계, 나와 너의 경계를 허물고 자신에게 일어나는 일들을 입체적으로 조망하게 하는 여러 '관점들의 집합'이 아닐까요?

 지금 일어나는 사건을 좀 더 잘 파악하려면 '하나의 기억'을 버리고 기억의 궁전을 충분히 거닐어야 합니다. 의식의 표면에서 종종거리지 말고 더 깊이 들어가 먼지 쌓인 서랍을 열어야 합니다. 아, 물론 이 무의식의 서랍은 내 의지대로 열리지 않습니다. 하지만 셜록이나 프루스트처럼 '지금'에 충분히 주의를 기울이고 '지금'을 좀 더 잘 보고자 하는 이들에게는 언젠가 스르르 닫힌 서랍들이 열리게 될 겁니다. 그때 우리의 앎은 특정한 기억과 연관되는 습관을 벗어나 다양한 기억들과 접속하게 되겠지요. 그러면 앎이 바뀌고, 앎은 또 그렇게 기억의 색채를 바꿉니다.

혹, 과거의 기억이 똑같은 방식으로 회귀한다면, 그건 현재에 충분히 주의를 기울이지 않기 때문일 겁니다. 현재의 경험을 너무 쉽게 규정하고, 자신의 앎을 지나치게 신뢰하기 때문일 겁니다. 벌어지는 일들은 매번 새롭습니다. 그것이 비슷해 보이는 건 매번 같은 방식으로 기억을 가져오기 때문이지요. 하지만 기억의 궁전은 거대합니다. 셜록처럼, 눈앞의 사건에 시선을 딱 고정시키고 천천히 기억의 궁전을 거닐어 보세요. 앎은 지금과 과거 '사이'에서 만들어집니다. 그 사이를 분주히, 여러 가지 방식으로 오가는 자들에게는 앎 또한 그만큼 다채로울 것입니다.

세계를 만드는 천 개의 눈 세계'들'의 탄생

우리가 한 사태에 대해 좀 더 많은 정서로 하여금 말하게 하면 할수록, 우리가 같은 사태에 대해 좀 더 많은 눈들을, 다양한 눈들을 투입하면 할수록, 그 사태에 대한 우리의 '개념'이나 '객관성'은 더욱 완벽해질 것이다.

— 니체, 『도덕의 계보』에서

사태를 좀 더 잘 파악하려면 더 많은 정서와 눈들을 가져야 한다고 니체는 말합니다. 세계에 대한 앎은 세계를 경험하고 느끼는 방식이 다양할수록 더 '객관적'으로 된다는 얘기죠. 원 그리기에 비유해 볼 수 있습니다. 원을 그리는 방식은 두 가지가 있는데요, 누구나 쉽게 떠올릴 수 있는 한 가지 방법은 컴퍼스를 사용해서 중심을 찍은 다음 돌리는 것이죠. 그렇다면 컴퍼스를 사용하지 않고 원을 그릴 수 있는 방법은 뭘까요? 직선을 여러 개 그리는 겁니다. 다들 경험이 있지 않으세요? 미술 시간에 연필로 원을 그려 보라 하면 직선을 여러 각도로 그어 가며 원 모양을 만들지요. 말하자면, 어떤 원의 접선을 여러 개 긋는 겁니다. 이때 원에 더 가까워지게 하려면 직선을 더 많이 그으면 됩니다. 직선들이 충분히 많이 있기만 하다면 원은 더욱더 완벽해질 테지요. 이와 같이, 세계를 좀 더 '객관적'으로 파악하려면 '객관적인 하나의 앎'을 찾으려 할 게 아니라 더 많은 정서와 눈들을 통해 앎을 만들어 나가야 하는 것입니다. 이를 니체는 '관점주의'라 명명합니다. 하나의 진리가 아니라 사태에 대한 다양한 관점들이 우리를 앎으로 인도한다는 것이죠.

베브 두리틀(Bev Doolittle, 1947~)이라는 작가의 그림을 볼까요? 총을 든 사냥꾼 하나가 말 두 마리를 데리고 눈길을 걷는 평범한 풍경입니다. 하지만 관점을 좀 달리해서 그림을 전체적으로 조망해 보세요. 사냥꾼에 시선을 집중했을 때는 보이지 않던 무언가가 보이지요?

세계를 위에서 내려다본다면
아마도 이런 모습이 아닐까요?
이렇게 '하나의 모습'으로 고정되지 않고
변화무쌍하게 펼쳐지는 것이
세계의 참된 모습 아닐까요?

베브 두리틀, 「눈들을 가진 숲」, 1984

네, 바로 얼굴들입니다. 돌덩어리들도, 나무들도, 눈길 사이사이도 모두 얼굴을 이루고 있습니다. 모든 자연물은 인간처럼 각자의 영혼과 표정을 지니고 있음을 말하고 싶었던 것일까요?

세계를 위에서 내려다본다면 우리가 아는 세계와는 한참 다른 모습일 겁니다. 부분이 전체가 되고 전체는 부분이 되는가 하면, 땅과 물처럼 서로 다른 것들이 서로를 비추는. 이렇게 '하나의 모습'으로 고정되지 않고 변화무쌍하게 펼쳐지는 것이 세계의 참된 모습이 아닐까요? 그렇다면, 우리가 안다고 믿는 세계는 세계의 아주 작은 일부에 지나지 않을 겁니다. 땅은 땅이요, 하늘은 하늘이며, 인간은 인간이고, 식물은 식물이라고만 알고 있는 우리들 눈에는 베브 두리틀의 그림이 한없이 낯설지만, 어쩌면 인디언들에게 세계는 원래 저런 모습인도 모르겠습니다.

"인생이란 길과 같은 거란다. 우리 모두 그 길을 걸어가야 해. 만일 우리가 그만두면 그것은 길 위에서 걷는 것을 그만두는 것과 같단다. 밤이 지나면 우리는 일어나 다시 그 길을 걸어야 하지. 그 길을 걷다 보면, 우리는 앞에 나타나는 조그만 종잇조각들과 같은 경험들을 발견하게 될 거야. 누구나 충분한 종잇조각들을 가질 수 있단다. 그 안에 있는 내용들을 읽은 다음 그것을 가슴에 가져가는 거야. 그러고는 그 종잇조각들을 다시 주머니에 넣고 길을 계속 가는 거란다. 왜냐하면 더 집어야 할 종잇조각들이 아직 많이 있기 때문이지. 나중에 그것들을 꺼내서 찬찬히 들여다보면 좀 더 많은 것을 배우게 된단다. 만일 우리가 살아가는 동안 내내 이렇게 종잇조각들을 모은다면, 우리는 그 안에서 보다 많은 것을 읽게 되겠지. 우리가 더 많이 읽으면 읽을수록, 우리는 더 많은 인생의 의미를 알게 된단다. 그때 우리는 비로소 지혜로워지는 거란다."

— 포니족의 영적 교사 데이비스의 가르침

서양의 독단적인 '진리주의'와 싸우며 힘겹게 도출한 니체의 '관점주의'가 인디언들에게는 이처럼 아름다운 가르침을 통해 자연스럽게 이해됩니다. 살아가면서 우리는 수많은 종잇조각들을 줍게 됩니다. 그것은 경험이 알려 주는 지혜죠. 하지만 종잇조각의 의미를 바로 알 수는 없습니다. 알면 아는 대로, 모르면 모르는 대로 계속 줍고, 종잇조각에 적힌 것들을 읽고, 읽은 내용을 가슴에 담고, 그러기를 반복하면서 길을 갈 뿐이지요. 데이비스는 말합니다. 더 많은 종잇조각을 모을수록, 더 많이 읽을수록 지혜로워질 수 있다구요. 그는 결코 '남들보다 더 많이, 더 빨리' 모아서 남들보다 많이 알아야 한다고 하지 않습니다. 찬찬히 들여다보고, 가슴에 새기고, 더 많이 생각하라고 할 뿐입니다.

우리는 같은 세계에 살지만 실은 같은 세계에 살고 있는 게 아닙니다. 모든 것이 '화폐'라는 수량적 가치로 환원될 수 있다고 알고 있는 우리에게 세계는 가치에 따라 위계화되어 있습니다. 명품과 짝퉁으로 극명하게 갈리는 물건처럼, 인간도 '몸값(연봉)'에 따라 나뉩니다. 그래서 어떻게든 더 '높은 가치'와 교환되기 위해 스펙을 쌓고, 그 스펙을 들고 다니며 열심히 자신을 '세일즈'합니다. 타인을 대할 때도 그가 가져다줄 이익을 계산하고, 인간의 능력마저도 이용할 '자원' 혹은 '자본'으로 취급하지요. 이런 시대에, 앎은 곧 스펙이요, 스펙은 곧 경쟁력입니다. 현실이 이렇다 보니, 스펙이 아니라 '지혜'를 말하고, 출세하는 법이 아니라 '인생의 의미'를 말하며, '나'가 아니라 '나와 타자의 관계'를 말하는 인디언들의 가르침이 귀에 들어올 리가 없겠지요. 여러 개의 '관점들'로 세상을 보려는 시도조차 하지 않습니다. 그러다 보니, 우리가 사는 세계와 우리의 앎이 유일한 진리라고 믿게 되었습니다. 다른 앎이, 다른 세계가 있을 수 있다는 생각 자체가 불가능해져 버린 것이죠.

앎은 우리의 머릿속에서 '앎'으로 머무르기만 하는 게 아닙니다. 일련의 가치 판단과 신념을 통해 앎은 세계를 만듭니다. 그런 맥락에서, 하나의 세계는 곧 하나의 앎이라고 할 수 있습니다. 이 세계에는 오로지 하나의 입구와 출구밖에는 없다고 생각하는 건, 예컨대 사람 노릇을 하려면 무조건 대학은 나와야 하고, 먹고살려면 어떻게든 취직을 해야 하고, 올바르게 살려면 반드시 법과 도덕을 잘 지켜야 한다고 생각하는 건, 우리의 앎이 다른 세계를 상상하지 못할 정도로 경직되어 있다는 증거입니다.

이렇게 반문할 수는 없는 걸까요? '사람다움'과 스펙이 무슨 상관이 있느냐고, 돈을 적게 벌어 적게 쓰고 살면 취업에 목숨 걸지 않아도 되지 않겠냐고, 올바르게 사는 것보다 멋지게 사는 게 더 중요하지 않느냐고 말입니다. 이렇게 반문하는 사람이라면 분명 상식적이고 보편적인 앎과는 다른 앎을 구성하기 위해 분투하고 있을 겁니다. 동시에, 그가 사는 세계도 분명 다른 식으로 만들어지는 중일 테지요.

즐겁구나, 벌레여! 이 사이에서 태어나 이 사이에서 자라고, 이 사이에서 기거하며 이 사이에서 먹고 입고 하면서, 장차 또 이 사이에서 늙어 가겠구나. 윗마디로 하늘을 삼고, 아랫마디로 땅을 삼으며, 수숫대의 하얀 속살을 먹이로 삼고, 푸른 껍데기를 집으로 삼아서, 해와 달, 바람과 비, 추위와 더위의 변화가 없으며, 산하, 성곽, 도로의 험난함과 평탄함에 근심이 없으며, 밭 갈고 베 짜고 요리하는 것을 마련할 게 없고, 예악과 문물의 찬란함도 없구나.

인물, 용과 호랑이, 붕새와 곤의 위대함을 알지 못하므로, 그 자신에게 자족하여 눈이 먼 줄을 모른다. 궁실과 누대의 사치스러움을 알지 못하므로, 그 거처에 자족하여 좁다고 여기지 않는다. 의복의 무늬, 수 놓은 비단, 기이한 짐승의 털, 채색 깃털의 아름다움을 알지 못하므로 이렇게 반문할 수는 없는 걸까요?
'사람다움'과 스펙이 무슨 상관이 있느냐고,
돈을 적게 벌어 적게 쓰고 살면
취업에 목숨 걸지 않아도 되지 않겠냐고,
올바르게 사는 것보다 멋지게 사는 게
더 중요하지 않느냐고 말입니다.

그 나체에 자족하여 부끄럽다고 여기지 않는다. 술과 고기, 그리고 귀한 음식의 맛을 알지 못하므로, 깨무는 것에 자족하여 굶주린다고 여기지 않는다. 귀로 들음이 없고 눈으로 봄이 없으며, 이미 그 수숫대의 하얀 속살을 배불리 먹다가, 때때로 답답하고 무료하면 그 몸뚱이를 세 번 굴려 윗마디에 이르러 멈추니, 이 또한 하나의 소요유(逍遙遊)로다. 어찌 넓고 넓은 여유로운 공간이라 말할 수 있지 않겠는가. 즐겁구나, 벌레여!

— 이옥, 『백운필』 중 「벌레에 대하여」에서

조선 후기의 이름 없는 문인 이옥(李鈺, 1760~1815)의 글입니다. 정조에게 '이상한 문체'로 낙인찍혀 유배 길에 올랐다가 끝내 과거를 포기한 채 고향에서 글을 쓰며 생을 마감한, 힘없고 백 없는 지식인의 전형이지요. 여러 차례 '문체를 고치라'는 왕의 명령에도 불구하고, 그는 끝까지 저항했습니다. 지식인들에게 요구되는 '모범적' 글쓰기를 한사코 거부한 것입니다. 덕분에 벼슬도 못 하고 이름 없이 살다 갔지만, 그의 글은 여러 관점들로 이루어진 '반짝이는 세계들'을 보여 줍니다. 인용문의 주인공은 수숫대 속에 살고 있는 벌레입니다. 손가락 한 마디도 안 되는 작은 공간 속에서 꾸물거리는 벌레를 본 이옥은 그의 삶을 저토록 멋지게 예찬합니다. 인간의 탐욕을 부추기는 건 인간이 이뤄 낸 문명과 그 문명이 만들어 낸 인위적 쾌락입니다. 인간들은 그게 고통인 줄도 모르고 더 큰 쾌락을 얻기 위해 달리고 달리지요. 그에 비하면 벌레의 삶이란 얼마나 행복하고 평온한지 모릅니다. 어떤 문명도, 어떤 쾌락도 알지 못하기에 벌레는 홀로 유유자적합니다. 벌레의 관점을 빌려 이옥은 아무것도 이루지 못한 자신의 삶을 긍정하고 있는 것이지요. 벼슬길도 막히고, 아울러 생계도 막막하고, 자신의 글을 인정해 주는 사람은 어디에도 없습니다. 그러므로 세계는 잔인하다, 에잇 이런 세상 살아서 무엇하랴, 할 수도 있었겠지요. 하지만 이옥은 그런 상황에서 풀과 벌레와 버림받은 여인들의 관점을 가져와 세계를 변환시킵니다. 벼슬도 못하고, 벌이도 없고, 나를 인정해 주는 자도 없으니, 그래 좋다, 내가 좋아하는 글이나 실컷 쓰자! 그것도 내 마음대로!

이 세계는 특정한 방식으로 우리 앞에 '주어진 것'이 아닙니다. 앎 또한 그렇습니다. 살아가면서 알게 되고, 알아가면서 살게 되는 것이지요. 신체와 마음, 의식과 무의식, 나와 타자들, 이 모든 세계가 우리의 앎을 구성하고, 거꾸로 우리는 앎을 통해 세계를 구성합니다. 앎과 세계는 이렇게 맞닿아 있는 것입니다.

『오디세이아』에 나오는 외눈박이 퀴클롭스처럼 눈 하나로 세상을 보며 보는 족족 먹어 치우는 '괴물'로 살아가시겠어요, 아니면 천 개의 눈과 천 개의 종잇조각을 가슴에 품은 인디언들처럼 살아가시겠어요?

03

앎과 행동

앎은 어떻게
완성되는가

🔊 나는 저항한다, 그러므로 안다 진실을 마주하는 용기

안데르센의 동화 「벌거벗은 임금님」 이야기를 다들 아실 겁니다. 욕심 많은 왕을 상대로 역대 최강의 사기를 친 재봉사와 거기에 속아 넘어간 왕의 이야기죠. 이 이야기에는, 있지도 않은 옷을 가지고서 '멋진 옷'이라고 감탄했던 신하들과 그걸 또 멋지다고 입고 행진하는 왕이 나옵니다. '저게 뭐지?' 싶으면서도 웅성거리기만 할 뿐 용감하게 진실을 말하지 못하는 백성도 나오고요. 그러다가 마침내 한 아이가 '보이는 대로' 외칩니다. 임금님이 벌거벗었다! 그야말로 엄청난 반전이죠? 이 이야기가 흥미로운 건, 등장하는 인물들 속에서 우리 자신의 위선적 모습을 발견하기 때문일 겁니다. 왕이야 그렇다 치고, 신하들은 왜 "대체 어디에 옷이 있단 말인가?"라고 질문하지 못했던 걸까요? 왕의 행진을 지켜보던 백성들은 어째서 보이는 대로 말하지 못했던 걸까요? 재봉사가 애초에 '자격이 없고 어리석은 자에게는 이

옷이 보이지 않을 것'이라고 연막을 쳐 둔 탓에, 신하들은 '어리석어 보이지 않기 위해' 옷이 보이지 않는데도 보이는 척했을 테죠. 백성들은 혹시라도 입을 잘못 놀렸다가 후환이 돌아오지나 않을까 하는 두려움 때문에 입을 다물고 있었을 테고요. 오직 남의 평가나 상대에 대한 두려움이 없었던 아이만이 진실을 말할 수 있었던 겁니다. 아이가 신하나 어른들보다 경험이나 지식이 더 많다고 할 수 없습니다. 하지만 아이는 진실을 말했고, 모두는 진실 앞에서 침묵했지요. 요컨대, 진실을 말할 수 있는 용기는 지식의 양과 무관하다는 얘깁니다.

중국 명대(明代) 사상가 중에 이탁오(李卓吾, 1527~1602)라는 인물이 있습니다. 그가 쓴 유명한 글 중 하나가 「동심설(童心說)」입니다. 그가 말하는 동심이란 "사람이 태어나서 가장 처음 갖게 되는 본심"으로 거짓 없는 마음, 진실한 마음입니다. 우리는 모두 '동심'을 갖고 태어나지요. 그런데 대체 왜 이 마음을 잃어버리고 거짓과 욕심에 물들고 마는 것일까요? '아는 것'이 많아져서 그렇다는 게 이탁오의 생각입니다. 아는 게 많아져서 진심을 잃어버린다? 그렇다면 역사상의 존경받는 인물들은 아는 게 없다는 얘기일까요? 이탁오의 얘기를 들어 봅시다.

"어린아이는 사람의 처음 모습이요, 동심은 마음의 처음 모습이다. 최초의 마음이 어떻게 없어질 수 있겠는가. 그런데 왜 동심은 갑자기 사라지고 마는 것일까? 견문(見聞)이 귀와 눈으로부터 들어와 안에서 사람을 주재(主宰)하게 되면 동심이 없어지기 시작한다. 그러다 자라서 도리(道理)가 견문으로부터 들어와 사람의 내면을 주재하게 되면 어느새 동심도 사라지고 마는 것이다. 시간이 흘러감에 따라 도리와 견문이 나날이 쌓이고 아는 것과 느끼는 것이 나날이 넓어지게 되면 명성이 좋은 줄 알고 이름을 날리려고 애쓰다가 동심을 잃어버리게 되고, 좋지 못한 평판이 추한 줄을 알고는 그것을 가리려고 애쓰다가 동심을 잃게 된다."

— 이탁오, 『분서』 중 「동심설」에서

견문이란 배움을 뜻하고, 도리란 세상의 이치라고 할 수 있겠습니다. 이탁오의 얘기인즉, 누구나 동심을 가지고 태어나지만 배움을 통해 아는 것이 많아질수록 동심이 사라진다는 것입니다. 나아가 사람들의 평가에 신경 쓰면서 명성을 얻으려 하다가 기어이 동심을 잃게 된다는 것이지요. 이렇게 얘기한 다음, 이탁오 역시 이렇게 질문합니다. 그렇다면, 성인(聖人)들은 공부를 하지 않았다는 말인가? 물론 아닙니다. 성인들은 열심히 공부해서 누구보다 아는 것이 많습니다. 하지만 그들은 보통 사람들처럼 동심을 잃어버리지 않습니다. 왜일까요? 보통 사람들은 아는 것이 많아질수록 욕심도 많아집니다. 이렇게 아는 것이 많다는 걸 사람들이 알아줬으면 좋겠고, 출세도 하고 싶고, 돈도 벌고 싶다는 마음이 애초에 아무런 욕심도 없던 마음을

"왜 동심은 갑자기
사라지고 마는 것일까?
명성이 좋은 줄 알고,
좋지 못한 평판이 추한 줄을 알게 되면
그것을 가리려고 애쓰다가 동심을 잃게 된다."

덮어 버리는 것이지요. 하지만 성인들은 아무리 많이 배워도 그런 욕망에 흔들리지 않기 때문에 진실하게 말하고, 진실하게 글을 씁니다. 다른 사람들이 어떻게 평가하느냐에 신경 쓰지 않고, 미래를 걱정하지도 않지요. 그저 자신의 '동심'에 따라 살아갈 뿐입니다. 붓다나 예수, 공자, 소크라테스 같은 성인들을 보세요. 그들은 모두 생전에 사람들의 비난이나 박해를 받았습니다. 하지만 그럼에도 불구하고 꿋꿋하게 자신의 길을 걸어갔지요. 이익을 바라고 거짓을 말하거나 자신의 안위를 위해 침묵하는, 그런 비겁한 행동 같은 건 하지 않았습니다. 이들은 아는 게 많아질수록 더욱 동심에 가까워졌고, 동심에 가까워질수록 더욱 용감해졌습니다. 반면, 「벌거벗은 임금님」에 나오는 신하들과 백성들은 이익과 안위에 대한 욕망으로 인해 동심을 잃어버린 것이지요. 그들이 분명 아이보다 아는 게 더 많을 텐데도 아이보다 비겁한 건 그 때문입니다. 아이 또한 아직 아이라 용감할 수 있었지만, 그 아이가 어른이 되어서도 그렇게 쭉 용감할 수 있을까요?

'무식하면 용감하다'고들 하지요? 공자가 들으면 기겁했을 얘깁니다. 물론, 무식해서 용감할 수는 있습니다만, 이건 자칫 성과 없이 여러 사람을 다치게 할 위험이 있습니다. 공자 역시 용기를 강조했지만, 그건 지식인에게 요구되는 덕목이었습니다. 무사의 특권이던 용기를 지식인의 덕목으로 가져와 '아는 자의 실천'을 강조했던 것이죠. 앎이 사람들을 현혹하여 자신의 이익을 취하기 위한 '사기 수단'이 되지 않게 하려면, 지식인은 늘 자신에게 엄격하고 세상의 잣대에 대해서도 자유로워야 합니다. 이게 진정한 용기죠. 그럴 때만 아이는 어른이 되어서도 아이 때의 마음, 즉 동심을 잃지 않을 수 있을 겁니다.

우리는 남들하고 다르게 되는 걸 참 두려워하는 것 같아요. '남들하고 다르다'는 게 고작 옷차림이나 취향에 한정될 뿐, 일반적 가치라든가 사회적 통념에 있어서는 어떻게든 다수의 무리에 들어가려고 하는 듯 보입니다. 유행에 뒤처지지 않으려고 한다든가, SNS에 올린 글에 반응이 올라오지 않으면 시무룩해한다든가, 자신의 의견에 동조해 주지 않으면 화가 난다든가 하는 것도 다 비슷한 심리지요. 나와 의견이나 취향을 같이하는 어떤 무리에 속해 있다는 안도감, 소속감 같은 걸 원하는 겁니다. 하지만 안다는 것은 이렇게 되기를 거부하는 것입니다.

세상에는 많은 상식과 통념이 있습니다. 인간의 욕망은 무한하다든가, 법과 도덕은 꼭 지켜야 한다든가, 가족은 사회의 기원이라든가, 인간은 누구나 부유하고 안락하게 살고 싶어 한다든가, 세상은 끊임없이 진보하고 발전하며 우리는 예전보다 훨씬 더 풍요로운 세상에 살고 있다든가, 혹은 선악, 미추, 빈부, 개인과 사회 등등에 대한, 셀 수 없이 많은 상식과 통념들이 우리의 사고를 지배합니다. 하지만 통념이나 상식은 한 사회 속에서 통용되는 특정한 가치일 뿐이지 '불변의 진리' 같은 것이 아닙니다. 때문에 상식이나 통념에 반한다고 해서 그것을 '악'이라고 단언할 수는 없습니다. 오히려 많은 철학자들은 이 상식과 통념에 반하는 것을 철학의 임무로 여겼지요. 예술 역시 마찬가지구요.

무언가를 안다는 것은 자신을 지배하고 있던 상식, 통념에 의문을 품는 데서 시작합니다. 상식과 통념이 살면서 수동적으로 접하게 되는 '표준적 가치'라면, 배움을 통해 알아 간다는 것은 '표준'을 벗어나 능동적이고 주체적인 자기 기준을 형성해 가는 과정이라고 할 수 있겠습니다. "남들도 다 그렇게 사니까 나도……."라고 말하는 대신에 "나는 내 삶을 살겠어!"라고 당당하게 선언하고 실행하는 자에게 '알아 간다'는 것은 단순한 지식 습득 이상의 것을 의미합니다. 그것은 흡사, 자기 앞에 주어진 재료를 가지고 최고의 걸작을 만들기 위해 심혈을 기울이는 예술가의 삶과도 비슷하지요. 작업하는 예술가는 누구나 따라야 하는 '법칙'이나 예술가들의 '상식'을 가지고 작업하는 게 아닙니다. 재료를 만지고 다듬고 이리저리 실험하면서 재료에 대해 알아 가고, 그 과정에서 문득 어떤 영감이 떠오르기도 하고, 또 그러다 보면 나름의 독창적인 법칙을 만들어 내기도 하고 그러죠. 물론, 그러는 와중에 숱하게 망치고, 시행착오를 반복하고, 좌절하기도 할 겁니다. 알아 가는 과정 역시 이와 비슷하지 않을까요? 앎에서 중요한 건 결론과 법칙이 아니라 앎에 이르기까지 거쳐야 하는 수많은 좌절과 시행착오들입니다. 어떤 개념 하나를 이해하기 위해 우리는 숱한 상식들과 싸워야 하고 무수한 통념들을 넘어야 하며, 그건 결국 상식과 통념에 지배된 자신과 싸우는 것을 뜻합니다.

톨스토이(Lev Nikolayevich Tolstoy, 1828~1910)는 쉰두 살에 『참회록』을 썼습니다. 일찌감치 『전쟁과 평화』, 『안나 카레니나』 등으로 명예와 부를 얻어 남부러울 게 없을 것 같던 그가 갑자기 왜? 어떤 특별한 계기가 있었는지는 잘 알 수 없습니다만, 톨스토이는 사십 대 후반 이후 갑작스럽게 찾아온 회의(懷疑)의 시간을 그냥 흘려버리지 않았습니다. 자신의 안락한 삶에 대한 자괴감과 지금까지의 활동에 대한 혐오, 습관적 신앙에 대한 회의 등 모든 것을 깊이 의심하고 되묻기 시작했죠. 그리고 참회합니다. 자신의 신앙이란 "다른 사람에게 선한 사람으로 보이고자 하는 욕망"이었으며, 이는 결국 "다른 사람보다 유력한 인간이고자 하는 욕망, 다른 사람들보다 명성 있고 중요하고 부유한 사람이 되고자 하는 욕망"이었노라고. 또, 한동안 스스로를 훌륭한 예술가라고, 세상 사람들을 가르쳐야 하는 사명을 띤 자라고 생각했지만, 그것은 위선이고 기만이었노라고, 그저 "자신이 매우 중요한 인간이라는 확신"을 위해 자신이 하는 일을 정당화했노라고. 자살 충동을 느낄 정도로 통렬한 자기비판을 한 뒤에 그는 다

통념이나 상식은 한 사회 속에서 통용되는
특정한 가치일 뿐이지 '불변의 진리' 같은 것이 아닙니다.
무언가를 안다는 것은
자신을 지배하고 있던 상식, 통념에
의문을 품는 데서 시작합니다.

시 질문합니다. "나는 왜 사는가? 나는 왜 무엇인가를 욕구하는가? 나는 왜 무엇인가를 행하는가?" 그 후 '문인' 톨스토이는 '사상가' 톨스토이로 거듭나게 됩니다. 소유하기 위해 죽을힘을 다하는 인간의 삶을 비판하며 청빈과 금욕을 실천했고, 교회 안에 갇힌 종교를 비판하며 자기 삶의 해방과 능동적 구원을 말했습니다. 이탁오처럼 말한다면, 동심을 회복하게 된 것이지요. 이처럼, 안다는 것은 아무런 의심 없이 상식과 통념과 습관에 젖어 있던 자신에게 저항하는 것입니다. 나는 저항한다, 고로 안다!

온순한 것이 나쁘다는 것은 결코 아니다. 그러나 그것이 발전되어 무슨 일에서나 온순하기만 하다면, 이것은 미덕이 아니라 오히려 바보라 해야 할 것이다. 물론 아이들은 아빠나 어른들의 말을 잘 들어야 한다. 그러나 말하는 쪽에서도 도리에 어긋나는 말을 해서는 안 된다. 어린아이가 어느 일에서든 자신은 남보다 못하다면서 주눅이 들어 굽실거리거나, 얼굴에는 언제나 알랑거리는 웃음을 지으면서도 속으로는 음모를 꾸미는 그런 아이들보다야 차라리 대놓고 "이런 게 무슨 아빠야."라며 대드는 아이가 나는 더 좋다.

— 루쉰, 「내 '반동' 자식을 보며」에서

온순하고 말 잘 듣는 것만을 강조하는 교육 풍토가 달갑지 않았던

루쉰(魯迅, 1881~1936)은 이렇게 말합니다. 아이들이 말을 잘 듣게 하려면 우선 어른들이 도리에 어긋나서는 안 되며, 굽실거리는 아이들보다는 대놓고 대드는 아이들이 더 낫다고. 우리는, 우리 자신과 세상에 대해 충분히, 더 충분히 용감해져야 합니다. 그래야 어른이 되어서도, 나이를 아주 많이 먹어서도, 자신이 있는 자리에서 이렇게 외칠 수 있을 테니까요. "임금님이 벌거벗었다!"

🔊 회색빛 지식, 늘 푸른 소나무 그대의 앎을 연마하라!

불가능한 일이긴 합니다만, 만약 우리가 세상의 모든 지식을 다 섭렵할 수 있다면 기분이 어떨까요? 세상을 다 가진 듯 벅찰까요? 자신이 못 견디게 자랑스러울까요? 아니면 사는 게 너무나 시시해질까요? 괴테(Johann Wolfgang von Goethe, 1749~1832)의 『파우스트』에 나오는 주인공 파우스트는 그렇게 모든 지식을 섭렵한 인물이었습니다. 하지만 그는 여전히 우울과 환멸 속에서 허우적거립니다. 인간의 능력으로 알 수 없는 것들이 있다는, 다시 말해, 모든 것을 알아도 여전히 모른다는 사실 때문이었죠. 이때 메피스토펠레스가 나타나 내기를 제안합니다. 쾌락의 어떤 순간에 집착하게 되는 때 너의 영혼을 달라는, 위험천만한 내기였죠. 아무튼, 파우스트는 지식이 결코 인간을 구원에 이르게 할 수 없다는 결론에 이릅니다. "모든 이론은 잿빛이고, 푸르른 것은 인생의 황금빛 나무라네." 이게 파우스트의 결론이었습니다.

그런가 하면, 프랑스에는 부바르와 페퀴셰가 있습니다. 플로베르(Gustave Flaubert, 1821~1880)의 소설 『부바르와 페퀴셰』의 주인공인 이들은 사십 대 후반의 독신 남자들로, 직업은 필경사였습니다. 부바르가 유산을 상속받자 파리 생활을 접고 시골에 정착한 이들은 여기서 모든 지식을 섭렵해 나가기 시작합니다. 처음엔 새로운 것에 대한 호기심 때문이었습니다. 농업, 원예, 화학, 의학 등의 실용 학문에서부터 철학과 종교에 이르는 형이상학까지, 이들은 세상의 모든 책들을 읽고 연구하고 토론하지요. 그런데 책을 읽으면 읽을수록 점점 모르게 되는, 이상한 일이 발생합니다. 진리를 알기 위해 책을 읽기 시작했지만, 진리는커녕 권태와 좌절감만 증폭되었던 것이죠. 사실, "현대의 모든 사상을 검토해 볼 작정"에서 1,500권 이상의 책을 읽고 이 소설을 썼다는 플로베르 자신이 이 소설에 붙인 부제가 바로 '인간의 어리석음에 관한 백과사전'이었습니다. 부바르와 페퀴셰는 책 속에 뭔가 있을 거라 생각하고 '읽어 치우기' 시작했지만, 인생에는 아무리 책을 봐도 답이 안

나오는 경우가 허다하지요. 아무리 많은 책이 있고, 아무리 많은 정보를 입력한다 해도, 그것이 바로 지혜가 되는 건 아니라는 얘깁니다.

동양에서는 글만 읽는 선비들을 '백면서생(白面書生)'이라고 합니다. 한자를 보면 짐작이 되시겠지만, 방에 틀어박혀 글만 읽느라 얼굴이 창백한 지식인을 일컫는 말입니다. 그래서 세상물정에 어둡다는 뜻도 내포되어 있지요. 소설 「허생전」의 주인공 허생 역시 '백면서생' 출신입니다. 하지만 그는 앞의 두 경우와 좀 다릅니다. 공부를 하다하다 회의를 느낀 게 아니라 아내의 바가지를 못 이겨 글공부를 접고 바깥세상으로 나오지요. 나와서 무슨 일을 했는지는 독자 여러분도 잘 아실 겁니다. 소설의 결말은 허생이 사라진 것으로 되어 있지만, 그는 아마 어딘가에서 다시 글을 읽고 있을 겁니다. 허생이 파우스트, 부바르, 페퀴셰와 다른 건, 지식의 덧없음을 보여 주는 대신 세속적 활동들을 통해 기존의 관념적 지식인을 비판하고, 놀라운 통찰력으로 현실의 단면을 포착해 냈다는 사실입니다.

허생은 그렇고 그런 '백면서생'이 아니었던 거지요. 파우스트처럼 앎에 권태를 느끼지도 않았고, 부바르와 페퀴셰처럼 맹목적으로 지식을 습득하는 일에 매달리지도 않았습니다. 허생이 보여 준 건 '공부의 힘'이었습니다. 그의 앎은 단순히 앵무새처럼 책 내용을 읊조려서 얻은 것이 아니라, 한 구절 한 구절을 치열하게 사고해서 몸에 새긴 것이었습니다. 허생은 모든 지식을 섭렵하는 게 중요한 게 아니라,

단 한 구절일지라도 그 의미를 직접 깨달아 자기 것으로 만드는 게 중 요함을 보여 준 것이지요. 공부를 통해 세상의 이치(理致)를 꿰뚫었기 때문에, 그는 큰돈을 벌었지만 돈에 집착하지 않을 수 있었고, 부자 든 권력자든 할 것 없이 누구 앞에서나 당당할 수 있었던 겁니다. 이 처럼, 지식은 인간에게 권태와 무력감을 안겨 줄 수도 있고, 현실 속 을 성큼성큼 걸어가게 하는 힘이 될 수도 있습니다. 그러니 같은 걸 안다고 같은 게 아니지요.

예전에 비해 인간의 지식은 상상할 수 없을 정도로 확장되었습니다. 보통 교육이 실시되면서 거의 모든 사람이 글을 읽을 수 있게 되었고, 책도 얼마든지 구해 볼 수 있게 되었죠. 요즘 같은 정보화 시대에는 검색창에 궁금한 걸 입력하기만 하면 온갖 정보들이 우수수 쏟아집니다. 예전에는 접근하기 어려웠던 전문적 자료에 접근하기도 훨씬 수월해졌을 뿐 아니라 세계 석학들의 강의를 집에서 컴퓨터로 들을 수도 있게 되었지요. 컴퓨터로 처리할 수 있는 정보량이 18개월마다 두 배로 늘어난다고 하니, '정보의 홍수'를 넘어 그야말로 '정보 쓰나미' 시대를 살고 있는 셈이죠. 그런데, 문득 의문이 생깁니다. 지식이 모두에게 평등하게 개방되었고, 지식의 양도 분명 더 많아진 것 같은데, 왜 우리는 부바르와 페퀴셰처럼 점점 무력해지는 걸까요? 공부 말고는 아무것도 할 줄 아는 게 없는 '똑똑한 바보'들은 왜 점점 더 늘어 가는 걸까요?

"이번의 제의가 저희들을 위한 것이라고 생각하여 진심으로 감사를 드립니다. 이전에도 몇 사람의 젊은이가 다른 대학에서 교육을 받은 적이 있습니다. 하지만 그들이 이곳에 돌아왔을 때는 발이 느려지고, 숲 속에서 생활할 수 있는 모든 능력이 떨어졌으며, 추위도 참지 못했고, 사슴을 잡는 방법도 알지 못하여 사냥꾼이나 전사나 지도자 그 어떤 일에도 쓸모가 없었습니다. 따라서 우리는 모처럼의 제의를 거절합니다. 그러나 감사의 마음을 표시하기 위해 여러분의 자녀들을 우리 쪽으로 보내 주시면 우리의 모든 지식을 가르쳐 훌륭한 남성으로 만들어 드리겠습니다."

1774년, 버지니아 식민지에서 이로코이족 연합의 추장들에게 젊은 이들을 윌리엄즈버그 대학에서 교육받을 수 있도록 해 주겠다는 제안이 왔다고 합니다. 위 인용문은 이 제안에 대한 추장의 대답입니다. 당신들 대학에서 뭘 가르치는지 모르겠지만 갔다 온 애들이 바보가 되어 왔더라, 당신들 자식을 우리에게 보내면 우리가 진짜 훌륭한 사람으로 가르쳐 주겠다, 그런 얘기죠. 통쾌하지 않습니까? 스스로를 '문명'이라고 자부하는 백인들이 '야만'이라고 간주하는 원주민들에게 선심 한번 쓰려다가 보기 좋게 당했습니다. '대학을 안 가면 사람 구실 못 한다'는 생각이 아직도 뿌리 깊이 박힌 우리도 예외는 아니지요. 어쩐지 뜨끔합니다.

"당신들 대학에서 뭘 가르치는지 모르겠지만
갔다 온 애들이 바보가 되어 왔더라.
당신들 자식을 우리에게 보내면
우리가 진짜 훌륭한 사람으로 가르쳐 주겠다."
통쾌하지 않습니까?

'아는 것이 힘이다'라고도 하고, '알아야 면장(面墙)이라도 한다'는 말도 있습니다. 적절한 지식이 있어야 담벼락을 마주하더라도(면장) 상황을 모면할 꾀를 낼 수가 있고, 아는 게 많아야 그래도 더 '좋은 위치'에서 남을 부리며 살아갈 수 있다는 생각을 반영하는 말이지요. 그래서일까요? 무슨 수를 써서라도, 어떤 무리를 해서라도, 요즘의 부모님은 자식의 공부에 투자하는 데 아낌이 없습니다. 제가 지금 '투자'라고 했습니다. 일상적으로 그렇게들 많이 씁니다만, 이 단어에 어떤 의미가 내포되어 있는지에 대해선 별로 깊이 생각하지 않는 듯합니다.

우리는 언제부턴가 지식을 경제적 용어로 표현하기 시작했습니다. 부모의 뒷바라지는 자식에 대한 투사요, 공부는 나 자신에 대한 투자이며, 그렇게 공부해야 경쟁력을 갖출 수 있게 되고, 경쟁력이 커질수록 자신의 몸값이 높아지며, 우리는 사회적 가치를 창출해 낼 수 있는 혹은 창출해 내야 할 '인적자원'인 것이지요. '그대 스스로의 가치를 창출하라'든가 '자신을 세일즈하라'는 표현은 아주 흔한 말이 되어 버렸구요. 그러니까 우리 시대에 지식이란 결국 자신의 가치를 어필하기 위한 스펙, 그 이상도 이하도 아닌 셈입니다. 때문에 '유용하지' 않은 지식들, 예컨대 철학, 문학, 역사 같은 인문학은 주변화되었습니다. '스펙'이 되거나 새로운 유용성을 갖게 되는 경우에만 거기에 주목할 뿐, 자아와 세계, 삶과 죽음, 타인의 고통과 행복, 나와 타자의 관계, 감정과 감각 등에 대한 앎은 잉여의 지식 정도로 취급하는 것이죠. 더 큰 문제는, 자연에 대해서든 관계에 대해서든 몸으로 부딪치면서 익히는 과정이 생략되거나 무시된다는 사실입니다. 어떤 식물의 특징이 뭐고 성분이 뭔지를 안다고 아는 게 아닙니다. 아메리카 원주민들처럼, 그 식물에 들어 있는 이야기를 알고, 오가면서 미세한 변화를 직접 관찰하고, 식물에 대한 자기만의 독특한 경험이 녹아들어야 비로소 나와 식물의 관계가 형성되고, 그 관계 속에서 앎이 형성된다고 할 수 있는 것입니다.

동물에 대해서도 마찬가지겠지요. 나의 생활 패턴이 저 북극의 곰에게 미치는 영향을 한 번도 생각해 보지 않은 사람이 북극곰에 대해 안다고 할 수 있을까요? 인간관계를 어떻게 형성해야 하는지에 대한 정보를 담은 심리학 서적을 달달 외운다고 해도, 원망, 사랑, 증오, 미움, 서운함, 집착 등등 우리가 살아가면서 경험하는 감정들 앞에서는 속수무책입니다. 그건 관계 속에서 직접 풀어내고 알아 갈 수밖에 없는 것이기 때문입니다. 즉 모든 지식은 책에 있지만, 현실의 경험과 접속되지 않는 한, 책 속의 지식은 생기 없는 잿빛일 수밖에 없습니다. 이로코이족 추장은 그 사실을 꿰뚫어 보았던 게 아닐까요? '문명인'이 자부하는 앎이란 게 결국은 죽은 시체와도 같은 앎이라는 사실을요.

'백면서생' 허생은 어떻게 그런 놀라운 실험을 할 수 있었을까요? 추측건대, 그는 글 속에서 자신이 사는 시대를 치열하게 고민했을 겁

우리는 언젠가부터 지식을 '투자'라는
경제적 용어로 표현하기 시작했습니다.
우리 시대에 지식이란 결국
자신의 가치를 어필하기 위한 스펙,
그 이상도 이하도 아닌 셈이지요.

니다. 지금의 많은 지식인들처럼, 당시 사대부들 역시 과거에 패스하겠다고 모범 답안이나 달달 외우고, 같은 시대를 살아가는 사람들의 삶에는 무관심했습니다. 과거에 패스해서 관리가 된 이들은 현실적으로 힘을 키워 가고 있는 청(淸)나라에 대해 아무런 현실적 인식 없이 오만한 탁상공론만을 일삼았구요. 또, 백성들은 백성들대로 도덕과 예의를 모르는 채 먹고사는 일에만 전념하고, 그나마도 먹고살기 어려워 도둑으로 전락하는 시대였습니다. 이런 시대에 대한 고민이 없었다면 허생의 실험은 불가능했을 겁니다. 하지만 고민만 하고 책을 읽지 않았더라도 역시 실험은 불가능했을 겁니다. 현실의 문제들을 더 근본적인 차원에서 바라볼 수 있게 해 주는 것이 바로 지식이기 때문입니다. 요컨대, 앎을 통해 현실과 만나야 하고, 생생한 현실로부터 자신의 앎을 수정하고 다양화할 수 있어야 한다! 이게 허생의 실험이 의미하는 게 아닐까요?

중국 명대(明代)의 사상가 왕양명(王陽明, 1472~1529)은 '사상마련(事上磨鍊)'을 말합니다. 한자를 그대로 풀어 보자면, '일 위에서 연마하고 단련하라'는 뜻입니다. 무엇을? 앎을! 앎이란 실제로 우리 앞에 벌어지는 사건들 위에서 연마되지 않으면 흐물흐물 맥없이 무너져 버리고 만다는 것이지요. 어떤 하급 관리가 왕양명을 찾아와 "선생님의 학문은 참 좋은데 제 일이 너무 바빠서 할 수가 없다"고 하소연을 했답니다. 그랬더니 왕양명이 말하길, "그대가 소송을 처리하고 공문서를 관리하는 일을 한다면 거기서 생겨나는 문제들이 반드시 있을 것이다. 누군가의 비방을 받을 수도 있고, 판결에 편견이 들어갈 수도 있을 터인즉, 이 구체적인 일들에서 발생하는 문제들을 해결하는 것이 학문이다."라고 한 것이지요.

현재의 순간을 향해 "멈추어라! 너 정말 아름답구나."라고 외친 파우스트가 깨달은 것도, 부바르와 페퀴셰가 온몸으로 보여 준 지식의 공허함도, 결국 이 한마디로 귀결됩니다. 네가 살고 있는 그곳에서 너의 앎을 연마하라! 지식에 생기를 불어넣는 건 바로 우리의 현실입니다. 사랑하고 헤어지고 싸우고 미워하고 넘어지고 온기를 나누는 이 현실 속에서만 우리의 앎은 '지혜'가 됩니다. 스펙으로도, 경제적 가치로도 환원되지 않는, 삶 속에서 단련된 이 '무용한 지혜'야말로 진정 우리에게 '유용한 앎'이 아닐까요?

🔊 너에게 가는 길 공감과 나눔으로서의 앎

바로 지금 일일 수도 있고 다 지난 옛날 일일 수도 있겠습니다만, 누구나 한 번쯤 참을 수 없는 '가출 충동'을 느끼셨을 줄 압니다. 아무도 날 이해 못 한다는 원망의 감정과 소외감, 세상이 무작정 싫어지는 이유 없는 반항의 시절. 그 반항의 정점은 뭐니 뭐니 해도 가출이지요. 그런데, 집을 나간다는 의미는 똑같은데 '가출'과는 사뭇 다른 단어가 있습니다. 출가(出家)! 집을 나가되, 능동적인 배움의 길을 걷기 위해 나가는 걸 출가라고 하지요. 생각해 보면, 세상의 위대한 스승들은 모두 출가하여 길 위에 있었던 사람들입니다. 그중에서도 특히 인상적인 것이 붓다의 출가입니다.

고행 끝에 '붓다(깨어 있는 자)'라는 이름을 얻게 된 고타마 싯다르타는 샤카족의 왕자였습니다. 왕족답게 학문과 기예를 배우며 늠름하게 성장했고, 열여섯 살에는 결혼도 해서 아들 라훌라를 얻었지요. 하지만 싯다르타는 이 안락한 생활 속에서 문득 인생의 의미를 되묻게 됩니다. 유년 시절부터 궁궐 밖으로 나가 거리의 사람들을 보면서 묻고 사색하던 것이었죠.

사람들은 저 스스로 늙어 가며 늙음을 피할 수 없음에도 불구하고 다른 사람이 노쇠한 모습을 보면 그 일이 바로 자신에게 일어날 일인 줄은 까맣게 모른 채 깊이 고뇌에 빠져 부끄럽게 여기고 혐오한다. 실은 나 또한 늙어 가며 늙음을 피할 수 없는 존재임에도 불구하고 다른 사람이 노쇠해 있는 모습을 보면 그런 일은 내게는 전혀 어울리지 않는다고 착각하면서 깊이 고뇌에 빠져 부끄럽게 여기고 혐오하고 있다.

— 『앙굿타라 니카야』에서

거리는 가난하고 늙고 병들고 죽어 가는 사람들로 가득했습니다. 반면 싯다르타는 왕자였고 젊고 건강했죠. 그럴 경우, 대개는 가난하고 늙고 병들고 죽어 가는 사람들을 혐오하거나, 그들의 일이 자신과는 무관하다고 생각하게 마련입니다. 하지만 싯다르타는 깊은 사색 끝에 그것이 자신의 일임을 알게 됩니다. 지금은 젊고 건강하고 살아 있지만, 인간은 누구나 늙고 아프고 죽는다는, 인간 전체에 대한 이해에 이르게 된 것이죠. 이 사실을 뼛속 깊이 깨달은 이상 싯다르타는 전과 같이 살 수 없었습니다. 인간이라면 누구나 경험해야 하는 일을 인간은 왜 두려워하고 혐오하는가? 모두의 고통이 곧 자신의 고통이고, 자신의 고통이 곧 모두의 고통임을 깨달은 싯다르타는 마침내 출가를 결심합니다. 그 고통의 원인을 이해하고, 고통으로부터 해방될 수 있는 방법을 탐구하기 위해서입니다.

우리는 소통에 목말라 합니다. 자식과 부모 사이, 친구 사이, 연인 사이 등 모든 관계에서 제대로 소통이 이루어지지 않음에 대해 안타까움을 호소합니다. 이렇게 많은 매체가 있고, 실시간으로 '톡(talk)'이 이루어지는데, 왜 우리는 점점 대화가 부족하다고, 소통에 실패한다고 느낄까요? 제 생각에, 그건 자기 자리를 고수하기 때문입니다. "널 이해하고 싶어."라고 말하면서도 자신의 위치를 조금도 바꾸지 않는 겁니다. 그래서 왕왕 대화는 더 큰 몰이해와 오해, 최악의 경우엔 싸움과 단절로 끝나기도 합니다. "너랑은 역시 얘기가 안 돼!" 하고는

실시간으로 '톡(talk)'이 이루어지는데,
왜 우리는
소통에 실패한다고 느낄까요?

쿵, 하고 마음의 문을 닫아 버리는 거죠. 한마디로, 소통이 실패하는 건 자기의 앎에 대한 집착 때문입니다.

싯다르타는 이와 달랐습니다. 그는 왕족의 삶, 젊고 건강한 청년의 삶을 살았지만 그 자리에 머물지 않고 늙고 병들고 죽어 가는 이들의 고통을 향해 다가갔습니다. 거기서, 그것이 결국 자신의 고통임을 본 것이죠. 자신이 놓인 지평을 벗어나, 자신의 앎을 내려놓고, 상대를 향해 가기. 그게 더 큰 앎을 향한 첫걸음이었던 겁니다. 소통도 마찬가지 아닐까요? 소통이란 너와 내가 '중간'에서 만나는 게 아니라, 서로가 상대의 눈이, 상대의 마음이 되어 보는 겁니다. 그런 관점에서 다시 앎을 구성해 보는 것이죠. 그런 점에서도 붓다는 놀라운 능력을 보여 줍니다.

출가 후 보리수나무 아래서 깨달음을 얻은 붓다는 이후 45년간 각지를 다니며 온갖 부류의 사람들을 만나 자신의 깨달음을 전합니다. 그들 중에는 배운 것이 많은 지식인도 있고, 아무것도 배우지 못한 농부도 있고, 도둑도 있고, 살인자도 있었지요. 직업도 신분도 성(性)도 언어도 모두 다른 사람들이었습니다. 그런데 붓다는 그들이 어떤 질문을 가지고 오든, 붓다에게 어떤 적개심과 질투를 가지고 있든 상관없이, 그들 각자에게 딱 맞는 비유와 언어로 말합니다. 세상에 어떤 것도 영원한 것이 없다면, 가르침 역시 꼭 하나의 언어와 비유만 고수해야 할 이유가 없는 것이죠. 붓다의 이런 가르침을 '대기설법(對機說

法)'이라고 합니다. 듣는 사람의 이해 능력(근기, 根機)에 따라 다르게 진리를 펼친다는 뜻입니다. 병이 다르면 처방도 달라야 하듯, 직업과 지위, 처한 상황에 따라 자신의 앎을 전달하는 방식도 달라야 합니다. 붓다는 자신의 앎을 강요하는 게 아니라, 먼저 자신을 찾아온 사람들의 고통에 진심으로 귀 기울이고 그 고통의 원인에 대해 말해 줍니다. 자신의 언어가 아니라 그들의 언어를 사용해서요. 그래서 붓다의 설법을 들은 이들은 결국 마음의 위안을 얻고 기뻐 돌아갔지요.

상대의 마음을 향해 다가가는 과정 없이 자기가 깨달은 진리만을 강요했다면, 붓다는 결코 인류의 스승으로 추앙받지 못했을 겁니다. 또 다른 스승인 예수 역시 그러했습니다. 예수는 누구보다도 고통받는 사람들과 깊이 공감했습니다. 그가 당시에 권력자에게 핍박을 받은 것도 그 때문이었지요. 타인의 고통을 바탕으로 지탱되는 권력이 가장 두려워하는 건 그 고통을 어루만져 주는 '마음의 의사'들이거든요. 붓다와 예수는 안락한 집에서 자신의 앎을 견고하게 다듬는 대신, 길 위에서 그 앎이 퍼지도록 했습니다. 고통받는 사람들의 마음을 파고들어, 그 고통이 어디서 비롯되었는지를 이해하도록 했고, '바로 지금' 고통에서 해방될 수 있는 길을 가르쳤지요.

진리를 펼치는 길 위에서 생을 마친 붓다의 마지막은 어땠을까요? 여든이 된 붓다는 몸이 많이 쇠약해진 상태였습니다. 한 차례 큰 병을 앓고 난 상태에서 노쇠한 붓다가 이른 마을은 파바라는 곳이었죠. 여기서 붓다는 대장장이 춘다의 공양을 받았습니다. 그런데 아마 춘다가 바친 음식이 조금 상했거나 붓다의 체질과 안 맞았던 모양인지, 음식을 먹은 붓다는 심한 설사병에 걸립니다. 우리 같으면 그런 음식을 바친 춘다를 원망하고 욕하면서 몰아세웠을 텐데, 붓다는 제자들을 불러 이렇게 당부합니다. 내가 아픈 건 내 몸이 노쇠하기 때문이지 춘다의 음식 때문이 아니라고, 내가 젊고 건강했다면 같은 음식을 먹고도 아무렇지 않았을 거라고. 게다가 춘다는 붓다에 대한 존경의 마음으로 음식을 바쳤는데, 의도와 상관없이 이런 일이 생기게 된 겁니다. 만약 붓다의 죽음을 두고 춘다의 탓이라고 한다면, 춘다에게 큰 상처를 줄 수밖에 없겠지요. 그러니 춘다를 원망하거나 욕해서는 안 된다고 붓다는 당부합니다. 이 역시 전체 세계와 인생에 대한 깊은 이해와 공감에서 비롯된 것입니다.

우리는 불행하다고 생각하면 그 불행의 원인을 누군가에게 돌리고 싶어 합니다. 이게 다 너 때문이야! 그런다고 불행이 사라지는 것도 아닌데, 일단 그런 식으로 원망하고 소리치고 봅니다. 바로 이 순간, 우리에겐 지혜가 필요합니다. 세상에서 일어나는 모든 일은 어떤 '하나의 이유' 때문에 일어나는 게 아닙니다. 모든 것들이 복잡하게 얽히고설켜서 특정한 결과를 만들어 내는 것이지요. 세계를 그렇게 이해할 수 있는 힘, 나아가 그 이해를 바탕으로 자신에게 벌어진 사건들을 바라볼 수 있는 힘, 그게 지혜입니다. 붓다의 깨달음은 어떤 초자연적 사건에 대한 '신비한 앎'이 아니라 삶에 대한 그런 지혜라고 할 수 있습니다. 고통에 대한 공감과 이해, 그 이해를 통해 고통으로부터 자유로워지는 힘인 것이죠.

앞에서도 잠깐 언급했습니다만, 많은 학생이 꿈꾸는 '상위 직업들'이 있습니다. 의사, 법조인, 사업가 등등 이른바 '사'자가 붙는 직업들 말입니다. 왜 그 일을 하고 싶으냐고 물으면 결국 답은 하나입니다. 그게 사회적으로도 알아주는 직업일 뿐 아니라 보수도 좋다는 것. 연예인이 되고 싶다는 경우도 별반 다르지 않아 보입니다. 뮤지션이나 배우가 되고 싶은 게 아니라 인기와 돈이 따라다니는 '스타'가 되고 싶은 거죠. 보수가 안정적으로 보장되지 않는(사회적으로 인정받지 못하는) 직업들은 기피됩니다. 그런데 생각해 보세요. 의사와 판사, 변호사만으로 이루어지는 세계는 없지 않습니까? 누군가는 청소도 해야 하고, 누군가는 위험을 무릅쓰는 일도 해야 하고, 누군가는 음악도 만들어야 합니다. 그런 점에서 세상에 '귀한 직업'과 '천한 직업'은 없습니다. 직업에 대한 귀한 태도와 천한 태도가 있을 따름이지요.

환자의 삶에 아무런 관심도 없고, 환자가 느끼는 아픔에 대해 공감할 수 없다면, 나아가 삶과 죽음, 건강과 질병에 대한 철학이 없다면, 그래도 그를 의사라는 이유만으로 '귀하다'고 할 수 있을까요? 그의 의학적 지식이 다른 지식보다 우월하다고 할 수 있을까요? 마찬

고통에 대한 공감과 이해,
그 이해를 통해 고통으로부터
자유로워지는 힘,
그게 지혜입니다.

가지로, 자유와 평등, 인간의 복잡한 감정, 법의 한계와 현실의 부조리에 대해 사색하지 않는 법조인의 지식이 인류에게 선물이 될 수 있을까요? 자기가 경영을 잘해서 돈을 벌었으니 회사 돈은 자기 돈이라고 생각하는 기업가, 과학 기술의 결과가 어떻게 되든 상관없이 그저 새롭고 획기적인 기술 획득에 혈안이 된 과학자, 예술이란 한껏 자기감정과 재능을 표현할 뿐 사회적인 것과는 무관하다고 믿는 예술가……. 이들은 누구보다도 '전문적인' 지식을 소유했지만, 이 '전문성'에는 어떤 고귀함도, 온기도 없어 보입니다. 아니, 세계와의 공감을 결여한 전문성이야말로 자신에게나 타인들에게나 실은 가장 치명적인 앎이 아닐까요? 타인과의 경계 짓기를 통해 스스로를 특별한 존재로 고립시키는 과정에서 그들의 언어는 점점 '외계어'가 되어 갈 테니 말입니다. 누군가의 마음으로 스며들지 못한 채 차갑고 외롭게 떠돌 테니 말입니다.

우리는 모두 무슨 일인가를 하고, 할 것이고, 해야 합니다. 어떤 일을 하든 거기엔 함께하는 사람들이 있을 겁니다. 더 나아가, 눈에 보이지 않는 사람들도 있습니다. 나와 직접 연결되어 있지는 않지만, 연결된 네트워크를 타고 가다 보면 내가 예기치도 않은 지점에서 누군가와 연결되어 있다는 걸 알게 되지요. 그런 식으로 인간과 인간, 인간과 동물, 인간과 지구는 연결되어 있습니다. 나의 삶이 지구 저 반대편 사람들의 삶과, 남극과 북극에 사는 생명체들의 삶과 연결되어 있지요. 마찬가지로, 우리의 삶은 과거를 살았던 사람들과, 미래를 살 사람들과 연결되어 있습니다. 그 거대한 시공의 네트워크 속에서 우리 모두는 살고 있고, 우리가 의도하든 의도치 않든 미세하게 또는 강력하게 주위에 영향을 미치고 있습니다. 그렇게 우리 역시 다른 존재의 영향을 받으며 살아가고 있구요.

우리의 앎은 그 존재들의 네트워크 속에서 탄생하고, 다듬어지고, 변형되고, 증식합니다. 내가 똑똑하고 잘나서가 아니라, 나 아닌 존재들 덕분에 앎을 갖게 되는 것이라는 얘깁니다. 그렇다면 우리 각자의 앎은 다시 그들에게 되돌려져야 하지 않을까요? 붓다가 자신과 다른 존재들로부터 질문을 길어 내고, 질문을 품고, 그걸 모두에게 다시 거대한 지혜로 되돌려 주었던 것처럼 말이지요. 뭐든, 알고 싶다면 파고드세요. 하지만 반드시 기억하시길. 그 욕망이 시작된 자리를요. 나의 앎이 어떻게 세상에 선물이 될 수 있을지를요.

너에게 가마, 나에게 오라! 앎을 향한 여정이란 나로부터 떠나 세계를 향해 마음을 여는 과정입니다. 아직도 가출을 꿈꾸시는 분들, 이왕이면 가출보다는 앎을 향한 출가를 시도해 보시는 게 어떨까요?

뭐든, 알고 싶다면 파고드세요.
하지만 반드시 기억하시길.
그 욕망이 시작된 자리를,
나의 앎이 어떻게
세상에 선물이 될 수 있을지를.

🔈 근육맨이 되고 싶은 당신을 위하여 그대의 앎을 실험하라

디오게네스(Diogenes, 기원전 4세기)라는 철학자가 있습니다. 일명 '견유주의자(犬儒主義者)'. 말 그대로, '개처럼 사는 철학자'라는 뜻에서 붙여진 이름이죠. 디오게네스라는 이름이 생소하시다면, 알렉산드로스는 익히 들어 알고 계시죠? 동방 원정을 통해 거대한 헬레니즘 문화를 건설했던 그 '알렉산더 대왕' 말입니다. 디오게네스와 알렉산드로스, 이 두 인물은 동시대 사람이었다고 전해집니다. 아울러, 사실인지 소문인지 알 수 없는, 두 사람의 만남에 관한 일화도 몇 편 전합니다. 한 사람은 생전에 모든 업적을 이룬 것처럼 보이는 '그레이트 킹'이고, 또 한 사람은 누더기를 걸친 철학자였으니, 둘의 만남만으로도 드라마틱한 스토리가 만들어질 조건은 충분합니다. 잘 알려진 것으로는 이런 일화가 있습니다.

디오게네스는 자신을 알현하러 오라고 사자(使者)를 보낸 알렉산드로스의 명을 거절하면서, "당신은 큰 권세를 누리고 있으므로 내가 필요하지 않고, 나는 충분히 자족적이기 때문에 당신이 필요하지 않다."고 했다 합니다. 그런가 하면, 알몸으로 일광욕을 즐기는 디오게네스를 본 알렉산드로스가 그에게 다가가 뭐 필요한 게 없느냐고 묻자, "그대가 지금 해를 가리고 있으니 좀 비켜 주시오."라고 했다는 일화도 있지요. 대부분의 일화에서 주인공은 디오게네스요, 알렉산드로스는 조연에 불과합니다. 여기엔 다 그럴 만한 이유가 있습니다.

흔히 '헬레니즘 시대(기원전 323~기원전 31)'라고 불리는 시대에 그리스 철학의 특징은 '실천 철학'이라 요약할 수 있습니다. 아, 물론 어느 시대에나 철학은 실천의 문제를 제기했고 '실천적'이었다고도 할 수 있습니다만, 이 시기의 '실천 철학'은 조금 의미가 다릅니다. 철학 자체가 삶에 유용한 실천을, 영혼의 훈련을 의미했기 때문입니다. 앞서 언급한 디오게네스의 경우, 아테네에서 철학자의 삶을 살기 전 그가 델포이에서 받은 신탁은 "통화(currency)를 손상하라"는 것이었습니다. 여기서 통화는 화폐가 아니라 '통용되고 있는 가치와 신념'을 의미한다고 해석할 수 있습니다. 실제로 디오게네스는 그리스에서 돌고 있는 '사회적 통념'들을 어지럽혔지요. 어떻게? 철학하기를 통해서!

'개'라는 별명이 붙은 이유에 대해 그는 이렇게 답했다고 하는군요. "나는 내게 무언가를 준 사람을 향해서는 꼬리를 흔들고, 거부하는 이에게는 짖으며, 나쁜 사람은 물기 때문이다." 한마디로, 개처럼 거침없이 살고, 말하고, 행동한다는 얘깁니다. 그는 어떤 행위를 하든 거리낌이 없었습니다. 타인의 눈치를 보는 법도 없었고, 세속의 부나 명성 따위에도 아랑곳하지 않았으며, 그런 걸 좇는 사람들의 야심과 자긍심을 조롱했죠. 그러면서 자신은 '개처럼', 즉 집, 가족, 부와 같은 '사회생활의 필수적 조건'들이라든가 예의와 체면에 무관심하게 '자연 그대로'의 삶을 살았습니다. 이유는 하나였습니다. 우리가 '필수적'

이라고 생각하는 삶의 조건과 사회적 규약들이 인간의 자연스러운 삶을 구속하고, 소유와 집착을 낳기 때문이라는 것. 그는 그렇게 생각했고, 생각한 대로 살았습니다. '그래서' 그는 철학자였던 것이죠.

지금 우리 기준으로 보면 디오게네스는 '정신 나간 사람'으로 취급될 게 뻔하지만, 그리스인들은 아무도 그가 '철학자'임을 부정하지 않았습니다. '세속의 왕' 알렉산드로스보다도 '자신의 왕'인 디오게네스의 삶을 더 존경했지요. 그리스인들은 누가 더 옳은지, 어떤 지식이 더 현실에 이익이 되는지를 묻지 않았습니다. 대신 그가 자신이 말한 대로 사는지, 그의 앎이 팔다리처럼 일상에서 실천되고 있는지, 그의 앎이 그의 삶을 얼마나 고귀하게 만드는지에 대해서만 주의를 기울였습니다. 그들에게 철학이란 삶을 나만의 스타일로 멋지게 만드는 일상의 활동이었고, 정신의 불균형에 대한 지속적 치료 과정이었던 것입니다.

하지만 우리 시대의 앎은 특정한 기준에 따라 평가되고 측정됩니다. 철학 역시 모두가 잘 살기 위해 필요한 실천 양식이 아니라 고차원적이고 이념적인 논의를 주로 하는 어려운 '학과목'으로 전락했지요. 자식이 혹 철학과를 간다고 하면 질겁하거나, 철학은 좀 '이상한' 사람들이 하는 거라는 인식이 보편적입니다. 몸이 아픈 자를 위해서는 병원이 필요하듯 마음이 아픈 자를 위해서는 철학이 필요하다고 생각했던 그리스인들이 이곳으로 살아 돌아온다면 놀라 자빠질 일이지요.

　미국의 사상가 소로(Henry David Thoreau, 1817~1862)는 제도에 의존하고 소유에 집착하는 삶을 벗어나 작은 숲 '월든'에서 새로운 삶을 실험했습니다. 손수 자신의 몸을 누일 오두막을 짓고, 숲 속에서 자급자족을 실천했죠. 그런 노동의 시간을 제외하면 산책과 사색이 삶의 전부였습니다. 문명을 다 누리면서 문명을 비판하는 대신, 문명에 예속된 삶을 거부하는 실천을 통해 자신의 생각을 행동으로 보여 준 겁니다. 그런가 하면, 1846년에 있었던 멕시코전쟁에 반대하는 의미로 세금 납부를 거부했습니다. 자신이 내는 세금이 전쟁 자금으로 쓰이고 있다는 사실에 대한 결연한 반대 표시였던 거죠. 그래서 얼마간을 감옥에서 지냈지만, 소로는 그런 실천을 통해 자신의 앎을 완성했습니다. 더 많이 알기 때문에 무언가를 실천한 게 아니라, 무언가를 시도함으로써 앎의 지평을 넓혀 간 것입니다.

　소로보다 조금 뒤 시대에, 간디(Mahatma Gandhi, 1869~1948)는 또 다른 실험에 착수했습니다. 청년 간디는 인도의 낙후된 현실을 개탄하고, 유학을 다녀온 뒤 인도를 근대적으로 개혁하는 일에 전념할 것을 다짐했던 '열혈 애국자'였습니다. 하지만 머지않아 서구인의 인종 차별을 온몸으로 깨닫게 되면서 방향을 바꿔 혁명가로서의 삶을 살게 됩니다. 자신이 꿈꾸었던 근대적 문명과 지식이 얼마나 억압적으로 작동하고 있는지를 인식하게 되었던 것이죠. 남은 건 하나, 이 모든 것에 맞서 자신의 삶을 새롭게 실험하는 것이었습니다. 『나의 진

간디는 머릿속에 있던 멋진 플랜을 실천한 게 아니라,
예기치 못한 사건과 만남을 통해,
그리고 수많은 반대와 장애물을 직면해 가는 과정에서
자신의 앎을 단련했습니다.
알아서 행한 게 아니라 행하면서 알아 갔던 것이죠.

리 실험 이야기』라는 자서전의 부제처럼, 그의 삶은 모든 폭력과 지배에 맞서 자신의 앎을 실험하는 과정이었습니다. 간디의 비폭력주의(사티아그라하)나 자치 운동(스와라지) 역시 그런 실험의 일부였습니다. 간디는 머릿속에 있던 멋진 플랜을 실천한 게 아니라, 예기치 못한 사건과 만남을 통해, 그리고 수많은 반대와 장애물을 직면해 가는 과정에서 자신의 앎을 단련했던 것입니다. 간디 역시 알아서 행한 게 아니라 행하면서 알아 갔던 것이죠.

소로와 간디에게서 본 것처럼, 앎과 실천은 다른 문제가 아닙니다. 앎은 삶의 구체적인 문제들에 부딪치며 살아가는 과정에서 형상을 갖추게 되고, 실천은 문제에 대한 근본적인 질문과 앎을 동반하면서 더 풍부해집니다. 소로와 간디에게는 앎이 실천이고, 자유고, 구원이었던 셈입니다.

그들은 원래 그런 사람들이니 그렇다구요? 이 말은, 위대한 사람은 처음부터 위대하도록 정해져 있고, 지질한 사람들은 처음부터 지질하도록 정해져 있다는 말과 같은 건데, 설마 정말 그렇게 생각하시나요?

무협지나 무협 영화를 본 적이 있다면 알 겁니다. 모든 주인공들이 어떻게 그렇고 그런 인간에서 멋진 고수로 성장해 가는지를요. 스토리는 대충 이렇습니다. 어느 날, 한 무리의 악당들이 이유 같지도 않은 이유로 아버지나 스승을 살해합니다. 주인공은 한동안 자신의 힘이 미약함을 자책하면서 낙담하여 지내다가, 이건 부친이나 스승의 뜻이 아닐 거라는 걸 깨닫고는 절치부심(切齒腐心), 심기일전(心機一轉) 하게 되지요. 그러면 이제 무엇을 할 것인가? 힘을 길러야 합니다. 힘을 기르려면 스승을 찾아 배워야 합니다. 그래서 주인공은 스승을 찾아 나서지요. 그런데 이 스승들이 대부분 겉으로 보기엔 별것 아닌 것처럼 보입니다. 주인공에게 별로 관심도 없고요. 원하는 걸 가르쳐 주기는커녕 대뜸 물 나르고 장작 패고 빨래하는 일부터 시키지요. 몇 번을 포기할까 하다가 그래도 묵묵히 시킨 일을 하노라면, 툭툭 몇 가지 기본적 기예들을 알려 줍니다. 하나씩 하나씩 연마해 가다가 어느 순간 알게 되는 거죠. 아, 이래서 물을 긷고 장작을 패게 하셨구나! 아, 이걸 알려 주려고 그런 일들을 시키고, 그런 질문들을 하셨구나! 아무것도 모르고 있다고 생각했지만, 사실은 내가 하는 모든 일들과 행위들에 앎이 깃들어 있었던 겁니다.

앎을 실험한다는 건 이런 의미입니다. 자신이 진리를 쥐고 있다고 생각하는 사람은 어떤 실험도 할 수가 없습니다. 할 필요도 없구요. 아직 진리가 뭔지는 모르지만, 기존의 삶에서 어떤 문제를 발견한 자들, 앎과 삶 사이에 놓인 어떤 거리를 인식한 자들, 자신의 앎이 아직 한참 무력하거나 덧없다고 느끼는 자들만이 실험에 착수할 준비가 된 것입니다. 무협지의 주인공이 스승이나 부친을 잃는 비통한 현실에서 탄생하는 것처럼요. 그런 문제 상황은 우리를 한없는 절망에 빠뜨리지만, 그런 이유로 우리에게 어떤 행위를 촉구합니다. 계속 그렇게 어린아이처럼 살 거니? 언제까지 스승과 부친의 그늘에 있을 거야? 아는 게 없을수록, 삶이 두려울수록 우리는 용기를 내 우리 스스로를 실험해야 합니다.

디오게네스의 겁 없는 철학, 소로와 간디의 고요한 사색과 단호한 저항이 말해 주는 것은 하나, 그대의 삶을 실험하라는 것입니다. 모두가 그렇게 산다 해도, 그게 나도 그렇게 살아야 할 이유가 되지는 않습니다. 두려우신가요? 하지만, 남들처럼 산다고 해서 두려움이 사라지는 건 아닙니다. 주위를 보세요. 많은 사람들이 지레 겁을 먹고 '낙오자'가 되지 않으려 열심히 공부하지만, 그럴수록 더 큰 두려움에 갇히고 말지 않습니까? 중고등학교 때는 대학에 떨어질까 두려워 자신을 올인하고, 대학 때는 취직을 못 할까 두려워 자신을 올인하고, 취직한 후에는 실직할까 두려워 또 모든 걸 포기한 채 '살아남기 경쟁'에 올인합니다. 이런 식으로 두려움은 끝없이 커지고, 그런 끝 모를 두려움 앞에서 우리의 앎이란 참으로 무력할 뿐이지요.

소로가 세금 납부를 거부하다가 감옥에 갇혀도 두려워하지 않고, '최소한'의 것들만 있는 월든에서도 불편함을 느끼지 못한 건 왜일까요? 아니, 그러기는커녕 그곳에서 진정으로 자신을 마주하며 자유를 느낄 수 있었던 이유는 뭘까요? 또, 간디가 암살 위협과 비난에 시달리면서도 끝까지 평온함과 미소를 잃지 않을 수 있었던 힘은 어디에서 비롯된 걸까요? 디오게네스가 천하의 알렉산드로스 앞에서도 굽히지 않을 수 있었던 저력은 또 뭘까요?

이들은 모두 책상머리에서 세상을 논하지 않았습니다. 우선 자신의 마음속으로 깊이 침잠해서 스스로에게 물었습니다. 이것이 네가 원하는 삶인가? 너는 스스로 진실한가? 자유로운가? 행복한가? 그런 다음, 세상 속으로 뛰어들었습니다. 자유롭고 행복하기 위해서! 그들이 남긴 말 한마디, 글 한 구절이 단순하면서도 힘이 있고, 그들의 행위가 한없이 고귀하고 아름다운 것은 그 때문이 아닐까요? 질문하고 실험하는 삶. 노동을 통해 단련된 근육처럼 튼튼하게 단련된 앎. 이것이 그들이 평생 견지한 비전(vision)이자 그들의 삶에 내포된 예술성입니다. 그들처럼, 뭐든, 겁 없이, 시도하시길!

04

앎과 배움

배움을 향한
참을 수 없는 욕망

 배우고 익히니 기쁘지 아니한가 앎의 이상한 기쁨

　공부하는 게 즐거우신가요? 아니면 고통스러우신가요? 아직 학생
인 독자라면, 이게 무슨 말도 안 되는 질문이냐고 반문하실 수도 있겠
습니다. 중학생인 제 조카만 해도 그러더군요. 공부가 즐거워서 하냐
고, 공부를 안 하면 나중에 먹고살기 힘들 테니까 어쩔 수 없이 하는
거라구요. 하긴, 학창 시절을 생각해 보면 저 역시 그랬던 것 같습니
다. 공부 좀 안 하고 실컷 놀아 봤으면, 하는 생각을 수시로 했었지요.
그렇긴 했어도, 알아 간다는 데서 오는 즐거움이 있다는 것도 부인할
수는 없습니다. 도통 모르겠던 수학 문제를 진통 끝에 풀어냈을 때의
그 짜릿함을 한 번쯤은 느껴 보지 않으셨나요? 어떤 시 한 편의 의미
가 갑자기 확 이해되는 순간이라든지, 몰랐던 역사의 이면을 알게 되
었을 때의 들뜬 흥분도 있지요. 학창 시절의 공부가 입시라는 목표에
너무 짓눌려서 그렇지, 공부가 고통이기만 한 건 아니라는 얘깁니다.

저는 공부를 업(業)으로 삼는 사람입니다. 공부가 일이고 밥이라는 얘기죠. 책을 읽고 글을 쓰고 강의를 하는 게 제 주요 일과입니다. 누군가 그런 제게 묻습니다. 공부가 지겹지 않으냐고, 그런 것들은 알아서 어디에 써먹을 거냐고, 돈도 안 되는 공부를 밤낮 해서 뭐하냐고 말입니다. 다 맞는 말이긴 합니다만, 그래도 저는 공부가 즐겁습니다. 갈수록 더 즐겁습니다. 몇 번을 다시 태어나도 공부하는 사람으로 태어나고 싶을 만큼이요. 물론, 생각이 잘 진행되지 않아 답답하거나 현실과의 접점을 찾지 못하고 헤맬 때도 있습니다. 그래도 공부보다 더 좋은 걸 아직은 찾지 못했습니다. 뭐가 그리 즐겁냐구요? 아, 이걸 어떻게 설명해야 할까요. 이럴 땐 역시 공자님이 최고지요. 공자는 흔히 생각하는 것처럼 고리타분한 옛날 얘기를 한 사람이 아니라 '옛것을 배워 새것을 아는(溫故知新)', 세계 최고의 공부왕이거든요.

『논어』는 공자의 핵심적 가르침을 담은 어록입니다. 특히 『논어』의 첫 구절은 배움에 관한 모든 것을 압축한 핵심 중의 핵심이라 할 수 있는 명문(名文)입니다.

"배우고 수시로 익히니 즐겁지 아니한가(學而時習之 不亦說乎). 벗이 먼 곳에서 찾아오면 또한 기쁘지 아니한가(有朋自遠方來 不亦樂乎). 남들이 알아주지 않아도 서운해하지 않으면 또한 군자가 아니겠는가(人不知而不慍 不亦君子乎)."

한 번쯤은 들어 보셨을 겁니다. 배우고 열심히 익히는 것, 그것을 벗들과 함께 나누는 것, 남들에게 인정받지 못해도 원망하거나 서운해하는 마음을 내지 않는 것. 이것이 공자가 말하는 배움의 기쁨입니다. 우선, 배움은 즐거운 것입니다. 그것을 수시로 생각하고 담아 두고 새기기를 반복하다 보면 더욱 새록새록 즐겁지요. 모호했던 것이 조금은 분명해지기도 하고 새로운 질문이 생기기도 하면서 자신이 조금씩 성숙해짐을 느끼는 겁니다. 그런데 이 즐거움이 다른 즐거움과 근본적으로 다른 게 하나 있습니다. 보통, 재물을 소유하는 즐거움이 독점욕을 불러일으키는 것과 달리, 알아 가는 과정은 '나눔의 욕망'을 발생시킨다는 점입니다. 잘난 척을 하고 싶어서든 혼자 알고 있기가 아까워서든, 배움은 늘 함께 나눌 친구를 동반합니다. 사실 친구 자체가 배움을 통해 얻어지는 것이기도 하구요. 배움을 통한 즐거움은 독점적 즐거움이 아니라 전염적 즐거움입니다.

고대 그리스에서도 친구란 '앎'을 매개로 한 대화와 토론 공동체의 성원이었습니다. 앎을 다른 이들과 나눌 수 없다면, 함께 앎에 대해 논할 친구가 없다면, 그 앎은 나만의 인식 속에 갇혀 화석이 되어 버릴 겁니다. 때문에 '배우고 익히는' 즐거움의 뒤에는 '벗과 함께하는' 즐거움이 따라 나옵니다. 문제는, '남이 알아주지 않더라도 서운해하지 않는다'는 세 번째 항목입니다. 뭔가 하나라도 알면 그 사실을 남

배움은 늘 친구를 동반합니다.
앎을 다른 이들과 나눌 수 없다면,
함께 앎에 대해 논할 친구가 없다면,
그 앎은 나만의 인식 속에 갇혀
화석이 되어 버릴 겁니다.

들이 알아주기를 간절히 바라는 게 사람 마음이죠. '나 이런 사람이야.' 으쓱대고, 그걸 모르는 사람을 얕보는 마음이 생깁니다. 앎이 자기에 대한 의식을 강화하기 때문입니다. 그런데 이런 마음까지도 버려야 진짜 공부를 즐기는 사람이라는 얘깁니다. 첫 번째가 배움 자체에 대한 즐거움이라면, 두 번째는 배움이 파생하는 관계의 즐거움이요, 세 번째는 배움으로 얻게 되는 마음의 자유라 할 수 있겠습니다. 세상에 이보다 더 즐거운 게 있을까요? 뭘 하든, 그 일을 하는 과정에서 이 세 가지 즐거움만 있다면 그게 바로 천직일 겁니다.

수긍이 잘 안 되시나요? 그래도 일에 대해 얻는 대가가 있어야 하지 않느냐, 돈이라든가 명성, 뭐 그런 걸 무시할 수는 없지 않느냐, 하는 질문이 있을 수 있습니다. 하지만, 그건 배움의 '바깥'에 속하는 문제들입니다. 예컨대, 어떤 배우가 연기를 하면서 연기에 대해 알아 가고 멋진 스승과 동료를 만나 우정을 나누면서 열심히 살았는데, 그러다 어느 날 인기도 얻고 돈도 벌면 더없이 좋겠지요. 그러나 앞의 즐거움들은 연기를 하는 한 사라지지 않을 것들인 데 비해, 후자는 내 마음대로 조절할 수 있는 게 아닙니다. 돈과 인기야 있다가 없기도 하고, 왔다가도 가는 거니까요. 내 마음대로 할 수 있는 게 아닌 것들에 마음을 쓰기 시작하면 본질적인 즐거움들은 전부 사라지고 맙니다. 나 자신이 아니라 나에 대한 외부에 평가에 신경이 집중되기 시작하면 더는 연기가 즐거울 리 없습니다. 본말이 전도되는 거지요.

지금이야 공자가 인류의 스승으로 추앙되지만, 생전의 공자는 사람들에게 인정받지 못했습니다. 사람들은 그를 '안 될 것을 알면서도 하는 자'라거나 '현실 감각 없이 이상만 높은 자'라며 비아냥거렸죠. 그래도 공자는 자신의 뜻을 굽히지 않았습니다. 현실에 대한 문제의 식을 거두지 않았지만, 억지로 벼슬을 하려 들거나 자신의 능력을 어 필하려 들지 않았습니다. 그저 묵묵히, 여기저기 흩어진 시와 사료를 정리하고 역사를 기록했지요. 그러면서 스스로를 '배우기를 좋아하는 자'로 칭했습니다.

한번은 초나라의 장관 심제량이 제자 자로에게 공자에 대해 묻습니다. 공자에 대한 소문이 많은데, 공자의 최 측근은 그를 어떻게 평가하는지가 궁금했던 모양이지 요. 자신이 존경해 마지않는 스승을 몇 마디 말로 표현 하기가 불가능했던 것일까요. 자로는 머뭇거리다가 미처 답을 하지 못했습니다. 나중에 이 사실을 전 해 들은 공자가 조금은 나무라듯 이렇게 말합니다.

"너는 왜 '학문에 분발하면 끼니도 잊고, 도를 즐 기면서 근심과 걱정을 잊으며, 늙음이 닥쳐오는데도 그것을 알지 못하는(發憤忘食 樂而忘憂 不知老之將至)' 사람이라고 말하지 않았느냐."

이것이 '호학자(好學者)', 즉 배우기를 좋아하는 자였던 공자의 자기 고백입니다. 배움의 즐거움은 끼니를 잊게 할 뿐 아니라 모든 근심과 나이마저 초월하게 합니다. 이 요상한 즐거움의 정체는 무엇일까요? 배움의 즐거움은 끝이 없는 반면, 다른 즐거움은 언젠가 반드시 싫증이 나게 마련입니다. 사랑을 할 때의 즐거움이든, 돈이 쌓일 때의 즐거움이든, 그 즐거움은 그리 오래가지 않을 뿐 아니라, 결정적으로 즐거움과 비례해서 불안감이 증폭되지요. 사랑할수록 두려워지고(연인이 떠날까 봐), 가질수록 불안해지는(재산을 지켜야 하므로) 기이한 역설이 발생하는 겁니다. 하지만 배움에는 이런 두려움이나 불안이 따르지 않습니다. 배움이 깊을수록 세상을 보는 시야가 넓어지고 인생을 바라보는 관점이 확대되기 때문에 점점 자유로워짐을 느끼게 됩니다. 순간의 짜릿한 쾌락은 없지만, 천천히 몸과 마음이 가벼워지는 듯한 해방감을 맛보게 됩니다. 많고 깊어질수록 가벼워지는 것, 그것이 바로 배움을 통한 앎입니다.

그런데 왜 우리는 배움이 즐겁지 않은 걸까요? 배움이 제도화되고 앎이 표준화되었기 때문입니다. 각자의 관심사와 능력이 다른데 모두가 하나의 목표를 위해 공부해야 하다 보니, 배움 속에서 친구를 만들기는커녕 모든 사람이 경쟁자로 인식되는 것이지요. 이런 구도 속에서는 당연히 우등한 자와 열등한 자가 나뉘고, 스승은 단순한 지식 전달자로 전락할 수밖에 없습니다. 스승과 제자가 '앎'이라는 상품의 공급자와 소비자로 만나게 되는 겁니다. 게다가 시도가 아닌 시험은 앎이 주는 원초적 즐거움을 앗아가 버립니다. 시도는 자발적이고 능동적이기 때문에 '어떻게 실패할 것인가'가 대단히 중요하지만, 시험에서는 통과하느냐 못 하느냐가 유일한 관건이거든요. 배우고 익히는 건 마찬가지지만, 벗을 만나는 즐거움도 없고, '남이 알아주는 사람이 되기 위해서만' 공부합니다. 그러니 즐거울 리가 있나요.

김홍도(金弘道, 1745~?)의 「서당」이라는 풍속화를 아실 겁니다. 조선시대의 서당 풍경이 리얼하게 묘사되어 있지요. 정황으로 보건대 스승 앞에서 지난 시간에 배운 걸 다시 읊조리는, 일종의 숙제 검사 시간인 듯합니다. 보아하니, 화면 가운데 앉아서 눈물을 훔치는 친구는 아마도 통과를 못 한 것 같죠? 그런데 나머지 친구들의 표정이 흥미롭습니다. 그걸 보면서 낄낄거리는 아이도 있는가 하면, 제 차례가 되어 열심히 곁눈질로 책을 보는 아이도 있습니다. 게다가 이 서당에는 어린 나이에 벌써 장가들어 상투를 튼 '어른'이 있는가 하면, 몸집이 상대적으로 작아 보이는 꼬맹이도 있습니다. 이들이 서로를 경쟁자로 생각했을까요? 이들이 스승에게 지식을 서비스받는다고 생각했을까요? 「서당」에 그려진 학동들은 한 구절 한 구절을 읽으면서 배운 것을 몸에 새기고, 친구들과의 진한 우정을 나눴을 겁니다. 서로 싸우고 위로하고 배운 것을 함께 논하면서 말이지요.

우리는 저마다 즐거움을 추구합니다. 그래서 게임에 빠지고, 운동

이들이 서로를 경쟁자로 생각했을까요?
스승에게 지식을 서비스받는다고 생각했을까요?

김홍도, 「서당」, 18세기경

에 빠지고, 혹은 술과 도박에 빠지는 거겠지요. 모든 '중독'도 처음엔 즐거움으로 시작되었을 겁니다. 하지만 무작정 즐거움만 좇다 보면 언젠가 그 즐거움이 나를 지배하는 순간이 옵니다. 그걸 하면 즐거운 게 아니라 그게 없으면 살 수 없게 되어 버리는 것이지요. 세계는 나와 그것, 중독된 자와 중독시키는 것의 관계로 한없이 축소됩니다. 이런 상태에서 여전히 즐거울 수는 있을지 모르지만 자유로울 수는 없을 겁니다. 그러나 배움의 즐거움은 이와 다릅니다. 배움은 나의 세계를 확장해 줍니다. 세상을 살아가는 다양한 사람들, 사건을 보는 다양한 관점, 편견과 독단으로부터의 해방을 동반하지 않는 배움은 배움이 아닌 거죠. 배움은 그래서 조금 아프기도 합니다. 자기가 알고 있던 세계가 깨질 때마다 조금씩 피도 나고 상처도 생기니까요. 알아간다는 건 그렇게 조금씩 성숙해져 가는 것입니다. 누구 혹은 어떤 목적을 위해서가 아니라 나 자신의 성숙과 기쁨을 위해, 편견과 고집으로부터의 해방을 위해, 배움의 바다로 자신을 던져 보는 건 어떨까요?

 호학(好學)과 안빈낙도(安貧樂道) 배움은 자유다

앞에서 배움은 우리를 자유롭게 한다고 했습니다. 배움을 통해 알

아 가는 과정에서 우리는 자유로워집니다. 그러니 배움이 곧 자유이기도 합니다. 그런데, 막상 잘 그려지지가 않지요? 배움과 자유라니······. 대체 자유가 뭘까요?

스스로 자유롭다고 생각하세요? 아마 대부분의 사람들은 그렇지 않다고 생각할 겁니다. '자유롭지 않게' 학교나 직장에 다니고, '자유롭지 않게' 공부를 하고, '자유롭지 않게' 행동을 하고 있다고요. 그래서 '자유롭게' 하라면 어떻게 할 거냐고 물으면 이렇게 답합니다. 뭐든 내 마음대로! 그러니까 '내 마음대로' 하는 게 아닌 다음에야 자유롭지 않다고 생각하는 겁니다. 한 번만 더 묻겠습니다. 그럼 대체 '내 마음대로' 한다는 게 뭘까요? 내 마음대로 소리치고, 내 마음대로 놀고, 내 마음대로 먹고, 내 마음대로 쓰고······. 우리는 기껏해야 이런 것들을 '자유'라고 상상하고 있지는 않은가요?

생각해 보면, 자유라는 말처럼 설레는 말도, 또 그처럼 알쏭달쏭한 말도 없는 것 같습니다. 누구나 자유라는 말을 사용합니다. 하지만 자유를 실현하는 방식은 천차만별이지요. 자유롭게 누군가를 짓밟고, 자유롭게 다른 견해를 배척하고, 자유롭게 자신을 상하게 하는 짓을 하기도 하니까요. 자유에 대한 빈곤한 상상력은, 자유란 '자유롭지 않은 것'과 관련된다는 전제에서 비롯됩니다. '~로부터의 자유'라는 말이 그 단적인 예입니다. 즉, 자유란 자유롭지 못하게 하는 상태로부터 벗어남을 의미한다고 여기는 것이죠. 때문에 자유로운지를 물었을 때 단번에 자유롭지 않은 상황부터 떠올리게 되는 겁니다. 그런데 이런 식으로 자유를 생각하게 되면 자유란 항상 수동적일 수밖에 없습니다. 우리를 자유롭지 못하게 하는 어떤 장애물이 제거되는 상태가 자유인 이상, 자유는 능동적으로 무언가를 구성하는 게 아니라 자유를 억압하는 어떤 명령에 대해 수동적으로 만들어진다는 거죠. 예컨대, 학교에 안 갈 자유는 '학교에 가야 한다'는 명령에 대해서만 성립합니다. 놀 자유는 '일해야 한다'는 명령을 어기는 것으로 성립하구요. 이거 어쩐지, 반쪽짜리 자유 같다는 느낌 안 드시나요?

이런 '부정적 자유' 말고 우리가 갖는 또 다른 자유의 이미지는 '조건적 자유'라고 명명할 수 있을 듯합니다. 이건, 자유롭기 위해서는 먼저 이러저러한 조건이 마련되어야 한다고 생각하는 겁니다. 하고 싶은 걸 하기 위해서는 먼저 돈이 있어야 한다거나 시간이 충분해야 한다는 게 그런 예죠. 그러나 지금 같은 시대에 여간해서는 돈을 모으기도 어렵고, 어떻게 살아도 '시간이 여유로운' 때는 오지 않습니다. 그런 조건이 갖춰지고서야 하고 싶은 걸 할 수 있다고 생각한다면 우리는 아마 아무것도 할 수 없을 겁니다. 자유마저 시간과 돈이 충분한 특정 계층의 특권이 되어 버릴지도 모르는 일이죠. 조건이 마련되어야 자유롭다면, 이 역시 반쪽짜리에 불과한 자유가 아닐까요?

"북녘 바다에 물고기가 있는데, 그 이름을 곤이라 한다. 곤의 크기는 몇천 리나 되는지 알 수 없다. 곤이 변해서 새가 되는데, 그 이름을 붕이라 한다. 붕의 등 넓이는 몇천 리나 되는지 알 수 없다. 붕이 힘차게 날아오르면 그 날개가 하늘을 가득 드리운 구름과 같다. 이 새는 바다 기운이 움직여 대풍이 일면 남쪽 바다로 날아가려고 한다. 붕이 남쪽 바다로 날아갈 때는 파도를 일으키기를 삼천 리, 회오리바람을 타고 날아오르기를 구만리, 그렇게 육 개월을 날아서야 한 번 쉰다고 한다."

—『장자』 중 「소요유」에서

물고기가 변해서 새가 된다! 게다가 물고기도 새도 그 크기가 어마어마합니다. 이거야말로 '판타지 블록버스터'라 하기에 손색이 없는 얘기지요. 아시겠지만, 『장자』의 맨 앞에 나오는 곤과 붕의 이야기입니다. 이 이야기가 실린 편명의 제목 '소요유(逍遙遊)'는, 풀이하자면 '한가롭게 여기저기를 거닐며 논다'는 뜻입니다. 하지만 정작, 그 처음을 장식하는 곤과 붕의 이야기는 그리 한가로워 보이지 않지요? 곤이 붕이 되는 이 엄청난 판타지는 단순한 공상이 아니라 '자유'가 어떤 것인지를 잘 보여 주는 이야기입니다. 곤은 날기 위해 붕이 되고, 붕은 오랜 시간을 날아올라 비로소 숨을 한 번 내쉽니다. 대체 무엇 때문일까요?

곤은 바다에 사는 큰 물고기입니다. 그런데 장자는 다짜고짜 이 물고기가 변해서 붕이 된다는 것으로 이야기를 시작합니다. 그러니 이 이야기의 '프리퀄(前事)'은 우리의 상상력을 통해 직접 만들어 낼 수밖에 없습니다. 각자가 한번 곤이 되어 볼까요? 곤은 아주 오랫동안 물을 벗어나지 않았습니다. 하지만, 심연에 살다가 가끔 물 밖으로 나와 물을 뿜어내는 고래처럼, 곤 역시 저 깊은 바닷속을 세계의 전부로 알고 있는 물고기들과 달리 물 밖의 세상에 대해 알고 있었을 겁니다. 궁금했을 테죠. 물이 아닌 세계는 어떨지, 저 높은 곳의 세상은 어떨지. '다른 세계'와 그 세계에 사는 '다른 존재'들에 대한 질문이 너무나 커져서 곤은 더 이상 참을 수 없었습니다. 그래서 직접 그세계로 나가 보기로 합니다. 실패할 수도 있고, 어쩌면 죽을지도 모르지만, 모험을 하지 않고선 알 수 없는 것들이 있습니다. 두려움을 이겨 내고 곤은 힘껏 물을 박차고 밖으로 나왔습니다. 아마도 단번에 성공하지는 않았을 겁니다. 수없이 실패하고 다시 시도하기를 반복한 끝에 어렵게 성공했을 테지요. 드디어 붕이 된 곤은 쉬지 않고 날갯짓을 한 끝에 하늘 위로 날아오르기 시작합니다. 그렇게 무려 육 개월을 날아오른 뒤에야 숨을 한 번 돌리고 저 아래, 자신이 떠나온 세계를 내려다봅니다. 깊은 심연에서 본 세계와 저 높이에서 본 세계는 어떻게 달랐을까요?

자유란 이런 게 아닐까요? 자유는 자유를 가로막는 장애물이 제거되는 상태도, 자유를 가능케 하는 조건이 마련되는 것도 아닙니다.

두려움을 이겨 내고 다른 존재가 되어
다른 세계를 향해 날아오르는 것.
자유란 이런 게 아닐까요?

곤처럼 다른 존재가 되어 다른 세계를 향해 날아오르는 것이지요. 거기에 그치지 않고 붕이 된 후에도 쉬지 않고 날아오릅니다. 여기서 의문이 생깁니다. 아니 대체 왜 그렇게까지? 아니나 다를까, 그렇게 질문하는 애들이 있었습니다. 매미와 비둘기였죠. 그들이 고개를 갸우뚱거리며 묻습니다. "우리는 힘껏 날아올라 봐야 느릅나무나 다목나무에 머무를 뿐이고, 때론 거기에도 이르지 못해 땅바닥에 내동댕이쳐진다. 그런데 어째서 구만리나 올라가 남쪽으로 가려고 하는가?" 이들에게는 도무지 붕이 이해되지 않습니다. 그들은 붕처럼 날아오르려 시도하는 대신, "나는 안 돼."라며 빠르게 포기하는 동시에 붕을 손가락질합니다. 곧, 붕과 매미, 비둘기의 차이는 어디에 있을까요?

　곤은 말로만 꿈을 꾸고 이상만 높이 가진 게 아닙니다. 그는 자신의 세계를 박차고 나와 붕이 되었고, 거기서 다시 삼천 리를 활주하고 구만리를 비상했습니다. 자신이 살던 세계를 보기 위해 그 세계를 떠나야 했던 것이죠. 우리는 돈 없이도 자유로울 수 있는 삶이나 가족적 울타리를 벗어난 새로운 공동체, 즐거운 공부, 제도 없는 사회 등을 불가능하고 비현실적인 이상이라고만 취급합니다. 그래서 자유롭고자 하지만 끝내 자유로울 수 없는 것이죠. 하지만 진정으로 자유롭고자 한다면, 이렇게 물어야 하는 게 아닐까요? 난 곤처럼 내가 사는 세계에 대해 의문을 품어 보았던가? 곤처럼 다른 존재가 되려는 시도를 해 보았던가? 붕처럼 쉼 없이 날아오르려 노력했던가? 개그콘서트 '달인 선생'의 말대로, 안 해 봤으면 말을 하지 말아야죠!

'소요유'는 모든 조건이 갖춰진 사람이 시간이 남아 하는 게 아닙니다. 자신의 조건을 박차고 나와 끊임없이 다른 것들로 변화하려는 사람들, 자신이 사는 세계와 자신의 사고를 절대화하지 않고 다른 세계를 꿈꾸는 사람들, 기존의 가치에 대해 질문하고 다른 가치를 만들어 낼 수 있는 사람들만이 진정으로 '놀〔遊〕' 수 있습니다. 자유로울 수 있는 겁니다. 그런데 이 모든 시도에는 반드시 어떤 배움이 뒤따르게 마련입니다. 질문도 그냥 생기는 게 아니거든요. 여기저기 기웃거리며 묻고 앎의 욕망을 발산하는 사람에게만 의문이 떠오르고, 차이가 포착되는 법이니까요. 자유란 이런 기웃거림, 이런 질문하기, 이런 시도들 외에 다른 무엇이 아닙니다.

공자의 제자 중에 안회(顏回)라는 자가 있습니다. 공자의 사랑을 한 몸에 받은, '베스트 오브 베스트 제자'였지요. 공자가 안회를 칭찬한 말 중에 이런 구절이 있습니다.

"어질구나, 회야! 한 그릇의 밥과 한 표주박의 마실 것만으로 누추한 곳에 사는 것에 대해 다른 사람들은 그 시름을 견디지 못하거늘, 회는 그런 상황에서도 공부하는 즐거움을 바꾸지 않으니, 어질구나, 회야!"

안빈낙도(安貧樂道)라는 말을 들어 보셨을 겁니다. 저런 안회를 두고 하는 말이지요. 똑똑하고 인품 훌륭한 안회였지만 집안이 극도로 가난했던 모양입니다. 하지만 안회는 근심하거나 원망하지 않고 묵묵히 공자의 가르침을 따르며 정진했지요. 그런 안회가 마음에 들지 않을 리가 있겠어요? 하여 언제고 공자의 칭찬이 마르지 않았습니다. 예나 지금이나, 대부분의 사람은 부나 명예, 이성(異性, 공자 식 표현으로는 색色) 등의 쾌락에 더 쉽게 끌립니다. 하지만, 앞에서 말한 대로 이로부터 오는 즐거움은 나 자신이 아니라 상황에서 비롯되는 것이기 때문에 상황이 변하면 사라집니다. 안회는 가난했지만 그 상황에서도 즐거움을 구성할 수 있었던 것이죠. 가난하거나 부유하거나, 아프거나 건강하거나, 시간이 없거나 많거나, 남이 알아주거나 말거나, 어떤 상황에서도 편안할 수 있을 때, 우리는 비로소 자유로울 수 있습니다. 그러나 붕의 자유와 마찬가지로, 이런 자유 역시 거저 얻어지는 게 아닙니다.

번개와 천둥이 칠 때 무서운 신이 우리를 벌하고 있다고 생각하면서 공포에 떠는 건, 번개와 천둥이 치는 이유를 알지 못하기 때문입니다. 자신의 병이나 죽음에 대해서 원망하는 마음이 일어나는 것도, 아픔과 죽음이 누구나 한 번은 반드시 겪어야 하는 보편적 사건임을 이해하지 못하기 때문이지요. 앎은 살아가는 데 필요한 실용적이고 구체적인 지식뿐 아니라, 태어나고 아프고 늙고 죽는 '인간 전체'에 대한 통찰과 우주의 보편적 법칙에 대한 깨달음을 모두 포괄합니다. 배움이 우리를 자유롭게 한다는 건, 배워야 좋은 대학, 좋은 직장에 갈 수 있고, 그래야 더 자유로울 수 있는 조건이 만들어진다는 게 아니라, 배우는 과정 자체에서 나의 편견이 깨져 가고, 다른 세계를 만나게 되고, 다른 관계를 형성할 수 있게 됨을 뜻합니다. 배움의 결과가 아니라 배우는 과정 자체가 바로 자유인 것이지요.

내가 누구인지, 내가 어떤 관계 속에 있는지, 이 세상이 어떻게 돌아가는지, 어떻게 살아야 하는지 궁금하지 않으세요? 그렇다면 곤처럼 우선 자기가 있는 곳으로부터 나와야 합니다. 나오기가 두려워서 그렇지, 일단 나오면 세상엔 예기치 못한 삶들이 여기저기서 펼쳐지고 있답니다. 나와서 다르게 숨 쉬는 법을 배우고, 다른 사람들을 만나다 보면, 아마 세상을 보는 다른 눈이 생기게 될 겁니다. 그러면 비로소 자신의 마음과 욕망도 보이기 시작할 거구요. 시도하는 만큼, 배운 만큼, 깨진 만큼, 알게 된 만큼, 그만큼 우리는 자유롭습니다.

앎의 포도밭을 거닐다 앎을 음미하는 즐거움

옛날에 곽탁타라는 자가 살았습니다. 곱사병을 앓아 등이 불룩한 모습이 낙타 같다고 하여 사람들은 그를 타(駝)라고 불렀지요. 곽탁

내가 누구인지,
어떻게 살아야 하는지 궁금하세요?
그렇다면 우선
자기가 있는 곳으로부터 나와야 합니다.

타의 직업은 나무를 심는 정원사였습니다. 장안의 온갖 부자들이 그를 불러 정원을 가꾸도록 했는데, 이유는 한 가지였습니다. 곽탁타는 결코 나무를 죽이는 법도 없거니와, 그가 가꾼 나무는 무성하게 잘 자란다는 것이었죠. 그의 나무 다루는 솜씨는 타의 추종을 불허했습니다. 누군가 그 비결이 궁금하여 곽탁타에게 물었더니, 그의 답은 이랬습니다.

"저 탁타가 나무를 오래 살게 하고 번식시킬 수 있는 것은 아닙니다. 나무의 천성에 맞추어 그 본성대로 자라도록 할 수 있을 뿐입니다. 나무의 본성이란 그 뿌리는 퍼지기를 바라고, 배토는 두루 고르기를 바라며, 흙은 옛것을 바라고, 다지기는 촘촘하기를 바랍니다. 그렇게 되면 그뿐, 건드리지도 염려하지도 않으며, 떠나면 다시 돌아보지도 않습니다. 심을 때는 자식같이 대하고 방치할 때는 버린 듯이 하면 천성대로 온전해지고 본성대로 자랍니다. 그러니 저는 그 성장을 해치지 않을 따름이지, 크고 무성하게 만들 수 있는 것은 아닙니다. 그 열매 맺기를 억압하지 않을 뿐이지, 일찍 맺고 많이 맺게 할 수 있는 것은 아닙니다. 다른 사람들은 그렇지 않으니, 뿌리는 뭉치고 흙은 바뀌며, 배토할 때는 지나치거나 모자랍니다. 그렇지 않을 수 있는 사람은 또 너무 많이 아끼고 너무 번거로이 걱정하니, 아침에 보고 저녁에 어루만지며 이미 떠났다가도 다시 돌아봅니다. 심한 경우에는 껍질에 손톱질하여 살았는지 죽었는지 알아보고, 뿌리를 흔들어 빽빽한지 성근지 살피니, 나무의 본성에서 날로 벗어납니다. 비록 아낀다고 하지만 실은 해치고, 걱정한다고 하지만 실은 원수로 대합니다. 그래서 저만 못한 것입니다. 제가 또 무엇을 할 수 있겠습니까!"

당나라 문인 유종원(柳宗元, 773~819)이 쓴 「정원사 곽탁타전」의 내용입니다. 이 글은 원래 백성들을 들볶는 관청의 업무 처리를 비꼬는 것이지만, 곽탁타의 저 말은 곱씹을수록 많은 생각을 하게 합니다. 좋은 정원사란 나무를 들볶지 않습니다. 나무의 본성에 따라 기초를 다져 준 뒤에 그저 기다릴 뿐이지요. 다른 사람들에게 없는 것이 바로 이 기다림입니다. 어루만지고 확인하고 흔들어 보고, 도무지 그냥 두지를 않습니다. '사랑'이라는 이름의 욕심 때문이지요. 욕심, 늘 이 욕심이 문제입니다. 배울 때도 욕심이 작동합니다.

'개념(conception)'이라는 말의 어원인 concéptĭo는 원래 잉태를 뜻한다고 합니다. 여성이 아이를 태내에 품는 것이지요. 아이를 품는 사건은, 나의 몸 안에 나 아닌 또 다른 생명을 품는 일입니다. 모성이라는 말로 당연시해서 그렇지, 물질적인 차원에서만 보자면 신체에 엄청난 무리가 가는 일이지요. 실제로, 임신한 여성은 극심한 신체적 변화로 괴로워하지 않습니까? 입덧과 구토, 우울증을 비롯해 전반적인 체질 변화가 일어납니다. 무려 열 달에 걸쳐 이 변화를 감내해야 비

로소 아이가 태어납니다. 하나에서 다른 하나를 분만(分娩)한다는 건
이토록 어려운 일이지요.

　무언가를 안다는 것도 이와 같지 않을까요? 하
나를 배우자마자 그 앎이 곧장 내 것이 되지는
않습니다. 여성의 신체가 아이의 신체를 처음
부터 자연스럽게 받아들이지 않는 것처럼, 어
떤 생각이 들어오면 기존의 생각과 충돌하게
되지요. 머릿속에서 일종의 전투가 일어나는 겁니다.

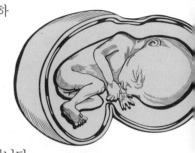

어디 머리뿐인가요. 다른 생각을 받아들이는 과정에는 몸의 저항도
수반됩니다. 말하자면 '생각의 입덧' 같은 것이 시작되는 것이죠. 무
언가를 알게 되면 이전과는 다른 게 보이기 시작하고 다
른 식으로 느껴지기 시작하는데, 이건 기존의 나를 부정
하는 일이기 때문에 선뜻 받아들이기가 쉽지 않은 겁니
다. 개념이라는 단어가 '잉태'에서 비롯된 건 이런 이유 때문일 겁니
다. 한 권의 책을 읽을 때마다 우리는 거기서 몇 개의 개념들과 마주
치게 됩니다. 스피노자의 '신'이라든가, 니체의 '영원 회귀', 노자의 '무
위(無爲)', 공자의 '인(仁)' 등등 사상가들이 제시하는 개념이란 세계를
보는 일종의 '렌즈'라고 할 수 있습니다. 그런데 그 렌즈가 우리 눈에
맞기까지는 시간이 필요합니다. 개념을 내 것으로 품고, 그것을 내 언
어로 분만하기까지의 시간이요. 이 시간을 견디지 않으면 앎은 결코

내 것이 될 수 없습니다.

개념을 품는 과정은 곽탁타의 나무 가꾸기와 유사합니다. 뿌리가 잘 내리도록 흙을 잘 고르고 촘촘하게 다질 뿐, 곽탁타는 나무가 빨리 자라도록 조장하지 않습니다. 나무에게도 땅에 익숙해지고, 비를 맞고, 양분을 빨아들이면서 스스로 성장할 시간이 필요한 법이니까요. 앎도 마찬가지입니다. 무언가를 배우게 되면, 그것이 서서히 내 안에서 뿌리를 내리면서 성장할 시간이 필요합니다. 배움에는 '빨리 빨리', '많이 많이'가 통하지 않습니다. 많이 쑤셔 넣는다고 많이 알아지는 것도 아니고, 다급하게 재촉한다고 더 빨리 알아지는 것도 아닙니다. 엄마가 아이를 품고 열 달을 기다리듯, 곽탁타가 나무를 심고는 '버려둔 것처럼' 기다리듯, 우리도 우리 안에서 앎이 무르익기를 기다려야 합니다. 그렇게 소화된 앎만이 내 눈에 맞는 렌즈가 되고, 내 몸과 마음을 성숙하게 변화시킬 수 있습니다.

요즘은 읽기 어려운 고전(古典)들이 다양한 버전으로 편집되어 독자를 기다립니다. 청소년 독자나 일반 독자를 위해 쉽고 깔끔하게 재단장된 책들이 즐비하지요. 톨스토이의 『전쟁과 평화』 같은 거대한 역사 소설이나 철학자들의 어려운 책들도 청소년 버전으로 요약되어서 '이래도 안 읽을래?'라는 표정으로 놓여 있습니다. 논술을 대비하자니 읽기는 읽어야겠는데, 다른 공부도 산더미 같은 와중에 고전을 정독할 시간이 있겠습니까? 하니 친절하게 압축, 요약, 정리까지 다 마쳐서 입에 쏙 넣어 주려는 것이죠. 이거야말로 곽탁타가 말한 "아 낀다고 하지만 실은 해치고, 걱정한다고 하지만 실은 원수로 대하는" 독서 권장법입니다. 톨스토이의 『전쟁과 평화』를 200페이지로 요약 하면, 그게 과연 『전쟁과 평화』일까요? 니체의 『차라투스트라는 이렇 게 말했다』를 논술에 나올 만한 '핵심만' 간추려 읽으면, 과연 『차라 투스트라는 이렇게 말했다』를 읽었다고 할 수 있을까요? 엄마가 잉태 된 지 이제 겨우 두 달 된 아이에게 "아이야, 나 힘드니까 빨리 나와 라."라고 말하는 꼴이지요.

정말 책을 읽고 싶다면 무작정 집어 들고 읽으면 됩니다. 모르는 것 투성이일 테지요. 그래도 곽탁타처럼 구절 하나, 개념 하나를 정성스 레 심는 것 말고는 달리 방법이 없습니다. 그것이 어떻게 자라는지는 우리도 지켜봐야겠지요. 내 마음과 어떻게 싸우는지, 내 기존의 견해 가 어떻게 그것들이 자라는 걸 방해하는지, 그 와중에도 어떻게 그 생각들이 뿌리를 내려가는지, 이 모든 과정을 스스로 견뎌야 하는 겁 니다. '단기간', '속성', '쉽게', '요약' 같은 말만큼 배움과 관계없는 말들 은 없습니다.

맛을 음미(吟味)한다고 합니다. 음식과 관련된 만화들만 보더라도, 모든 요리왕들은 맛을 '음미'할 줄 알죠. 자신이 뭘 먹는지도 모르고 닥치는 대로 허겁지겁 먹어 대는 사람은 음미할 줄을 모르는 사람입

니다. 중세의 신학자 생 빅토르 위그(Hugues de Saint-Victor, 1096~1141)
는 한 권의 책을 읽는 것은 '책'이라는 포도밭에서 포도송이를 따서
그 맛을 음미하는 것과 같다고 했습니다. 멋진 비유지요? 한 권의 책
은 포도밭과 같습니다. 밭을 열심히 일구고, 땅을 잘 고르고, 포도 넝
쿨이 타고 오를 수 있는 지지대를 만들고, 한여름의 땡볕과 태풍을
잘 견디도록 보살핀 후에야 비로소 포도송이가 주렁주렁 열립니다.
독자는 그런 포도밭을 거니는 행운아인 셈이지요. 거기서 포도를 따
서 입에 넣을 때, 음미하는 독자라면 거기서 포도를 길러 낸 그 모든
것—흙과 태양과 바람과 비—을 느끼게 될 겁니다. 음미할 줄 모르는
독자라면, 달면 삼키고 시면 뱉을 것이구요. 음미하는 독서와 집어삼
키는 독서. 앎이 어느 쪽에서 영글게 될지는 안 봐도 뻔합니다.

　알고자 하는 자에게 욕심은 금물입니다. '더 빨리'와 '더 많이'를 갈
망하는 건 앎 자체를 갈망하는 게 아니라 앎이 가져다줄 결과를 갈
망하는 것입니다. 앎은 남들을 앞질러 가기 위해 필요한 게 아닙니다.
그런 앎은 언젠가 뒤처진 자들을 억압하는 식으로 작동하게 마련이
죠. 북아메리카 원주민들의 앎을 '무지'라고 단정했던 백인 개척자들
처럼 말입니다. 앎은 한 그루 나무처럼, 앞으로 뻗기보다는 더 깊이
뿌리내려야 하고, 더 높이 자라나야 합니다. 오랜 시간에 걸쳐 양분
을 흡수하고 비바람을 견디면서, 거기서 열매가 열리면 더 많은 이들
이 그 열매를 음미할 수 있도록 말입니다.

"내가 기대하는 독자는 세 가지 특성을 가지고 있어야 한다. 그는 차분해야 하고, 읽는 데 서두르지 말아야 한다. 그는 읽으면서 자신과 자신의 '교양'을 개입시켜서는 안 된다. 끝으로, 그는 마지막 결과물로 새로운 목록들을 기대해서는 안 된다. 내가 오히려 경탄해 마지않는 것은 경험의 계곡에서 진정한 문제의 고도에까지 오르고, 그곳에서 다시 내려가면서 메마른 규칙과 아기자기한 도표의 골짜기에 이르는 길을 전부 샅샅이 측량할 수 있는 사람들의 강력한 본성이다."

— 니체, 「우리 교육 기관의 미래에 대하여」에서

니체가 자신의 독자들에게 하는 당부의 말입니다. 니체는 말합니다. 책을 읽되 서두르지 말라고, 책을 읽되 '난 이만큼 알고 있다'는 자만심을 버리라고, 책을 읽되 책에서 어떤 답을 기대하지 말라고. 책을 천천히 음미하면서 어떤 질문을 발견하고, 그 질문을 끝까지 물고 늘어지면서 책 전체를 샅샅이 탐색하라고요. 책을 읽을 때마다 자신의 '교양', 즉 기존의 앎을 더 강화시키는 독서는 위험합니다. 그건 어떤 것도 잉태하지 못하는 '불모의 독서'라고 할 수 있겠죠. 나 자신의 교양을 강화하거나 교양을 늘리기 위해 책을 읽는 게 아니라, 다른 앎을 품기 위해, 그 앎이 내게 가하는 불편함을 기꺼이 감내하기 위해, 그리하여 또 다른 앎을 생산하기 위해 책을 읽어야 합니다. 여성만 엄마가 되는 게 아니라, 배움의 길에 들어선 이들은 그렇게 모두 엄마가 되는 것이지요. 우리에게 필요한 건 아이를 품은 엄마의 지혜, 나무를 기르는 곽탁타의 지혜입니다.

흐르는 물처럼, 뜨거운 불처럼 배움의 달인들을 소개합니다

하나. 반 고흐(Vincent van Gogh, 1853~1890)라는 화가를 아시지요? 광기에 휩싸여 불꽃 같은 삶을 살다가 간 화가로만 알려져 있습니다만, 사실 그는 엄청난 노력파에 지칠 줄 모르는 배움의 열정을 지닌 인물이었습니다. 애초에 그는 목사가 되고 싶어 했지만, 시험에 계속 떨어졌을 뿐 아니라 권위에 아랑곳하지 않는 기질 때문에 끝내 목사의 꿈을 접어야 했죠. 그런 그가 다시 살아갈 힘을 얻을 수 있었던 건 그림 때문이었습니다. 탄광촌에서 처음 그림을 그리기 시작했을 때는 거기 사는 광부와 농부들이 그의 그림의 원천이었습니다. 반 고흐가 그들과 함께 노동하면서 깨달은 것은, 그들이 가난한 식탁을 위해 일 년 내내 허리를 굽혀 노동해야 한다는 사실이었습니다. 화가 역시 한 편의 그림을 그리기 위해 오랜 시간 힘을 들이지 않으면 안 된다는 걸, 그러나 아무리 노력해도 자연이 우리에게 허락하지 않는 한 아무것도 수확할 수 없음을 받아들여야 한다는 걸 깨닫게 된 겁니다. 그림을 그리겠다고 결심한 후, 반 고흐는 농부처럼 쉬지 않고 그렸고,

고흐는 아마 어딘가에서 줄곧 저 농부를 응시했을 겁니다.
우리가 보는 반 고흐의 그림은
바로 그런 관찰과 수련의 결과이지요.

반 고흐, 「수확하는 사람」, 1889년

그림은 팔리지 않고 누구에게도 인정받지 못했지만 화내지 않았습니다. 비가 오나 눈이 오나 바람이 부나 그는 자연 앞에서 열심히 자연을 배웠습니다. 우리가 보는 반 고흐의 그림은 바로 그런 관찰과 수련의 결과인 것이죠.

그림을 보면, 뜨거운 태양이 내리쬐는 밀밭에서 농부가 열심히 밀을 베고 있습니다. 반 고흐는 같은 장면처럼 보이는 그림을 여러 점 그렸는데요, 「수확하는 사람」 시리즈도 그중 하나입니다. 이 그림들은 모두 비슷해 보이지만, 다 다른 시간입니다. 뜨거운 한낮, 이른 아침, 해가 산 뒤로 뉘엿뉘엿 저물어 가는 오후의 시간 등등 그림의 시간이 모두 다릅니다. 시간이 언제든 농부는 같은 동작으로 밀을 베고 있습니다. 농부는 밀밭이고, 밀밭은 곧 농부입니다. 반 고흐는 아마 어딘가에서 줄곧 저 농부를 응시했을 겁니다. 저 무시무시한 자연 속에서 쉼 없이 노동하는 농부의 몸짓을 말이지요. 그림을 그린다는 것 역시 쉼 없는 노동이고, 자연과 하나가 되는 일이며, 자연이 준 것을 겸허하게 수확하는 것이 화가의 임무라는 사실을 가르쳐 준 건, 저 바람 부는 들판과 타오르는 태양, 그리고 작고 보잘것없는 농부의 몸짓이었습니다. 반 고흐의 그림은 이 성실한 노동의 결과물입니다. 그래서일까요. 가만히 보면 그의 그림은 어딘지 모르게 겸허하면서도 우직한 데가 있습니다. 배우기를 좋아하는 자들이 그렇듯이 말입니다.

둘. 파블로 카살스(Pablo Casals, 1876~1973)라는 첼리스트가 있습니다. 바흐의 무반주 첼로 조곡 악보를 헌책방에
서 발견한 후 세상을 떠나는 날까지 이 곡을 연
습했다고 하죠. 그가 악보를 발견해서
곡을 레코딩하기까지 걸린 시간이
무려 사십 년. 그러니까 그는
사십 년간 같은 곡을 연습하
고 또 연습하기만을 반복했던
것입니다. 아마 날마다 새로운 걸
발견했을 테고, 그때마다 자신의 능력이 부족함을
절감했을 테죠. 그래서 또 처음부터 연습했을 거구요. 그렇게 파블로
카살스는 사십 년간 천국과 지옥 사이를, 환희와 절망 사이를 오갔을
겁니다.

그가 나이 구십이 넘은 어느 해, 한 인터뷰어가 이런 질문을 했답
니다. 선생님은 이미 이룰 만큼 다 이루셨고 기력도 없으신데, 왜 그렇
게 매일 연습을 하시느냐, 이런 질문이었다죠. 실제로 파블로 카살스
는 아파서 몸을 못 쓰는 날이 아니면 생을 마칠 때까지도 매일 다섯
시간씩 첼로를 연습했다고 합니다. 아무튼, 그런 질문을 받은 이 백
발 노인은 이렇게 답했답니다. "연습하는 만큼 늘어요." 말문이 막히
지 않을 수 없습니다. 구십이 넘은 노인이, 이미 '대가'라는 칭송을 들
은 사람이, 연습하는 만큼 는다니요! 하지만, 전 그게 카살스의 진심

이었을 거라고 믿습니다. 배우는 자들은 압니다. 알면 알수록 모르는 게 많아진다는 사실을요. 알았다고 생각하는 순간, 배움은 끝나 버린다는 사실을요. 어린 시절에 발견한 바흐의 악보를 죽음을 앞둔 나이까지 연습하고 또 연습하면서, 지와 무지 사이를 오갔을 카살스를 상상해 보세요. 그야말로 진정한 '배움의 달인'이 아닐까요.

셋. 혜능(慧能, 638~713)은 중국 선종(禪宗)의 제6조 스님입니다. 혜능은 세 살에 아버지를 여의고 홀어머니 밑에서 궁핍하게 자랐습니다. 글도 배우지 못한 나무꾼, 요즘 식으로 말하면 일자무식의 막노동꾼이었던 셈입니다. 그런데 어느 날 땔감 나무를 배달하다가 길에서 누군가가 어떤 경전을 읊조리는 소리를 듣게 되었답니다. '머무는 바 없이 마음을 낸다(應無所住而生其心)'라는 구절에서 혜능은 홀연히 마음이 맑아져 무언가를 깨치게 되었죠. 하여 그 책이 무엇이며, 누구에게 얻은 것인지를 묻고는, 그 길로 어머니에게 이해를 구한 뒤 배움을 구하기 위해 달려가게 됩니다. 그 책은 다름 아닌 『금강경』이었고, 그 경전을 읊조리던 자의 스승은 홍인 화상이었죠. 혜능은 홍인 앞으로 가서 당당하게 말합니다. "부처가 되기 위해 왔습니다."라고요. 홍인 화상이 묻기를, "남쪽 지방 출신의 오랑캐가 어떻게 부처가 되겠다는 것이냐?"라고 했더니, 혜능은 또 이렇게 답합니다. "사람에게는 북쪽과 남쪽의 차이가 있지만, 불성(佛性)에 어찌 남북이 있겠습니까?"

혜능이 보통 인물이 아님을 알아차린 홍인은 일단 그를 꾸짖은 뒤 방아 찧고 장작 쪼개는 일을 시킵니다. 혜능은 그 일을 묵묵히 수행하지요. 그러던 어느 날, 각자 깨달은 불법을 짧은 노래로 지으면 그중에서 후계자를 선정하겠다는 소식이 전해지자, 홍인 문하에 있던 모범생 신수가 글을 지어 복도 벽에 붙였습니다. 그때까지 글을 배운 바 없는 혜능도 동자에게 부탁해 자신의 생각을 글로 지어 반대편 벽에 붙이도록 했지요. 결과는 혜능의 승리였습니다. 불법은 홍인에게서 혜능에게로 전수되었지요.

혜능 선사의 일화는 앎의 욕망이라든가 배움이 일어나는 건 반드시 글을 알아야, 요즘 식으로 말해서 '정규 교육'을 받아야 가능한 게 아님을 보여 줍니다. 혜능 같은 나무꾼에게도, 하루 벌어 하루 먹고 사는 날품팔이 노동자에게도, 길가의 노숙자에게도, 아이에게도, 노인에게도, 누구에게나 앎의 욕망은 꿈틀거립니다. 인간에게는 먹고 자고 배설하는 욕망만이 아니라, 알고 배우고 사람들과 함께 살아가고자 하는 욕망도 있고, 곤과 붕처럼 비상하고자 하는 욕망도 있거든요. 그런데 이런 욕망들이 특별한 욕망으로 여겨지는 건, 우리 시대의 앎이 출세와 부의 수단으로 전락한 탓입니다. 혜능 선사가 길에서 우연히 『금강경』의 한 구절을 듣고 깨치게 된 건, 그가 땔감을 나르면서

도 인간과 삶에 대해 의문을 품었기 때문이었을 겁니다. 누구나 살아
가면서 원망과 후회, 허무, 사랑, 증오, 감사 같은 감정의 동요를 겪고,
이런저런 관계 속에서 시달리는 법이니까요. 글을 알아야 배울 수 있
는 게 아닙니다. 각자가 경험하고 느끼는 것에 대해 '왜?'라고 질문하
는 자만이 배울 수 있고, 배우려 하는 법입니다. 또한 그런 자만이 앎
을 실천하기 위해 노력하는 법입니다.

넷. 재경이라는 목수는 악기 만드는 달인이었습니다. 그가 만든 악
기는 그야말로 천상의 소리를 냈죠. 하루는 노나라 임금이 그를 불러
비법을 물었답니다. 재경의 답은 이러했죠.

"저는 목수에 지나지 않습니다. 무슨 비술(秘術)이 있겠습니까. 그렇
지만 한 가지 이런 건 있습니다. 제가 악기를 만들려고 할 때는 감히 심
기(心氣)를 소모하지 않고 몸가짐을 바르게 하여 마음을 깨끗이 합니
다. 사흘을 재계(齋戒)하면 상을 받거나 벼슬을 얻는다는 따위의 생각
을 품지 않게 되고, 닷새를 재계하면 세상의 비난이나 칭찬, 잘하고 못
함 따위의 생각을 갖지 않게 되며, 이레를 재계하면 전혀 마음이 움직
이지 않고 내가 사지와 육체를 지녔다는 것조차 잊고 맙니다. 이렇게 되
면 이미 조정의 권세는 마음에 없고, 그 기술에 전념하여 밖에서 마음
을 어지럽히는 것은 모두 없어지고 맙니다."

— 『장자』 중 「달생」 편에서

이렇게 하고 나서야 재경은 숲으로 들어가 나무를 골랐답니다. 그러면 어떤 나무가 가장 적합한 악기인지가 절로 보였다는군요. 그러니까 재경의 '비법'이란 악기를 만들기 전에 모든 욕심을 버리는 것이었습니다. 최고의 악기를 만들겠다는 욕심, 악기를 만들어서 인정받겠다는 욕심, 좋은 나무를 구하겠다는 욕심, 이런 욕심을 버리는 게 악기 만들기의 시작이고 끝이라는 얘깁니다. 재경과 달리 대부분의 사람들은 욕심 때문에 일을 그르칩니다. 좋은 악기를 만들고 싶고, 그래서 인정받고 싶고, 그러려면 최고의 나무를 구해야 하고……. 이런 욕심으로 숲에 들어가면 어떤 나무가 좋은 재목인지 보일 리가 없습니다. 마음이 이미 욕심으로 가득한데 나무가 내는 소리를 들을 수가 있겠습니까?

배움은 채우는 것이 아니라 비우는 것입니다. 비운다는 건 다른 게 아닙니다. 새로운 것들이 들어올 수 있도록 자신의 믿음과 욕심을 버리는 것이지요. 내가 아는 것이 진리라는 믿음, 앎을 통해 무언가를 이루겠다는 욕심, 그걸 버리는 겁니다. 그럴 때 우리는 또 다른 앎의 경지에 이를 수 있습니다. 재경이 오로지 마음을 깨끗이 한 후 숲으로 들어가 모든 나무들과 교감했던 것처럼 말이에요.

다섯. 앞서 이탁오라는 중국 명대(明代)의 사상가를 언급한 적이 있지요? 이탁오 또한 배움이 무엇인지를 보여 주는 최강 달인입니다. 그는 53세까지 낮은 관리직을 전전하다가, 홀연 모든 관직을 그만두

배움은
채우는 것이 아니라
비우는 것입니다.
새로운 것들이 들어올 수 있도록
자신의 믿음과 욕심을
버리는 것이지요.

고 배움의 길에 오릅니다. 그가 이런 결단을 내릴 수 있었던 건 자신
의 앎에 대한 통렬한 반성 때문이었습니다.

"나는 어려서부터 성인의 가르침이 담긴 책을 읽었지만 그 내용이 무
엇인지 알지 못했고, 공자를 존경했지만 공자에게 어떤 존경할 만한 점
이 있는지 알지 못했다. 그야말로 난쟁이가 광대놀음을 구경하다가 사
람들이 잘한다고 소리치면 따라서 잘한다고 소리 지르는 격이었다. 나
이 오십 이전의 나는 정말로 한 마리 개에 불과했다. 앞의 개가 그림자
를 보고 짖으면 나도 따라서 짖어 댔던 것이다. 만약 남들이 짖는 까닭
을 물어 오면 그저 벙어리처럼 쑥스럽게 웃기나 할 따름이었다."

— 이탁오, 『분서』에서

인간은 사건과 사물과 사람에 대한 인식이 만들어지면, 그다음부
터는 그 생각을 쭉 고집하려는 경향이 있습니다. 이 '관성력'에 대해
서는 앞서 말했지요. 때문에 한번 형성된 자신의 견해를 여간해선 잘
바꾸지 않습니다. 그런데 따지고 보면, 그 견해라는 것도 사실 원래부
터 내 것은 아니었습니다. 한정된 경험과 교육 제도, 미디어 등을 통해
반복적으로 습득해 온 것일 뿐이죠. 하지만 어떤 생각이 한번 자리
잡게 되면, 그다음부터는 그것을 진리라고 믿어 버리게 됩니다. 특정
한 앎이 절대적 진리로, 견해가 신념으로 바뀌는 것이지요. 이제 앎은

다른 앎들을 모두 부정하면서 점점 더 폭력적으로 되어 갑니다. 나이가 들수록 '고집불통'이 되는 것도 이 때문이라고 할 수 있습니다.

그런데 이탁오는 쉰이 넘은 나이에 자기 스스로를 '한 마리 개'였노라고 반성합니다. 공자가 왜 위대한지도 모르고 그저 남들이 그렇다니까 따라서 짖었다는 것이죠. 자신은 지금까지 그저 개요, 난쟁이였노라고, 그 사실을 알고 난 후에야 비로소 '어른'이 되었노라고 고백합니다. 하여, 이탁오는 가족을 떠나 세상을 떠돌기 시작합니다. 공자처럼 자신을 '배우는 자'로 자청하며, 다른 생각을 가진 사람들을 찾아가 배우고 토론하고, 또다시 떠납니다. 경계도 목적도 없는 배움. '개'로 남지 않겠다는 단호한 의지 때문에 그는 늘 비난을 달고 살아야 했지만, 이탁오는 끝내 배움의 길 위에서 생을 마쳤지요.

이 다섯 명 말고도 세상에는 무수한 '배움의 달인'들이 존재합니다. 그들의 공통점이 있다면, 우선 배우기를 게을리하지 않았다는 것입니다. 그리고 배움 자체를 기쁨으로 여겼다는 것. 마지막으로, 그들이 궁극적으로 알고자 한 것은 자기 자신이었다는 사실입니다. 자신을 안다는 것은 '자신만' 안다는 걸 뜻하지 않습니다. 오히려 그 반대죠. 우리는 이렇게 각자의 삶을 살지만, 우리 각자의 삶 속에 인간 보편의 삶, 우주 보편의 법칙이 깃들어 있습니다. 때문에 자기 자신을 안다는 것은 결국 자신 안에 내재되어 있는 우주를 안다는 것을 의미합니다.

우리의 위대한 스승들은 질문합니다. 나는 어디에서 왔는가? 나는 어디로 가는가? 어쩌면, 이 사실을 깨닫기 위해 우리는 그토록 많은 앎들을 경유해야 하고, 그토록 위험한 모험을 시도해야 하는 것인지도 모르겠습니다. 자, 여기가 우리 앎의 출발점이자 종착지입니다. 당신은 어디에서 왔나요? 무엇하러 왔나요? 어디로 가나요?

 진정한 굿 다운로더가 되는 법 앎을 전염시켜라!

친구, 하면 떠오르는 얼굴이 있으시죠? 어떤 친구가, 얼마나 떠오르시는지? 요즘은 친구 사귀기가 어렵다면 어렵고, 쉽다면 쉽지요. 온종일 이 집에서 저 집으로 몰려다니면서 놀고 공부하고 운동하고 수다 떨고 하면서 '몸으로' 친해질 기회가 거의 없다는 점에서, 친구 사귀기가 참 어려워졌습니다. 그러나 다른 한편으로 쉽다는 건, SNS를 통해 순식간에 친구가 되기도 한다는 말입니다. '좋아요!' 하나면 친구가 될 수 있는 세상이 올 줄이야 누가 알았겠습니까. 많은 친구들이 도처에 있고, 빠르게 대화를 나누고 정보를 교환하는 시대이긴 하지만, 그래도 이 사귐에는 뭔가 결정적인 게 결여되어 있지 않나 하는 생각이 듭니다.

주성치라는 영화감독이 있습니다. 「희극지왕」, 「식신」 같은, 다소 황당한 B급 영화들을 만들었는데, 개인적으로 제가 무척 좋아하는 감독입니다. 그가 2001년에 만든 「소림축구」라는 영화가 있지요. 혹자는 유치하다고 비웃을 수도 있지만, '주성치스럽게' 웃기는 영화입니다. '소림축구'라는 제목에서부터 필이 오지요? 네, 무예와 축구를 결합한 액션 영화라고 할 수 있겠네요. 제가 하려는 얘기는 영화 속의 오합지졸 '소림축구단'에 관한 겁니다.

'황금의 오른발'로 이름을 날렸던 왕년의 스타플레이어 명봉은 부정 시합을 거절한 대가로 다리를 다쳐 오갈 데 없는 신세가 되었습니다. 그러던 중, '쿵푸로 세상을 바꾸기'를 꿈꾸는 소림사 출신의 주인공 씽씽을 만나 그와 함께 축구단을 결성하기로 하는데요, 면면들이 가관입니다. 삶의 의욕을 잃은 외모 비관론자, 뚱땡이, 청소부, 백수건달, 돈벌레 등 마이너 중의 마이너들이죠. 그런데 이 마이너들이 각자 가진 '의외의' 재능을 계발하고 연마한 결과, 이들은 최고의 축구단으로 거듭나게 됩니다. 서로 싸우고, 때리고, 그러면서도 서로의 아픔을 공유하고, 함께 '쿵푸'(공부)를 하면서 친구가 되어 가는 거죠. 친구가된다는 건 서로가 서로를 변화시킨다는 걸 내포합니다. 단순히 의견을 교환하고 정보를 교류할 뿐이라면, 그냥 '아는 사람'이지 친구라고할 수 없습니다. 주성치의 '소림축구단'은 사람이 다른 사람을 기쁨으로 전염시킬 수 있는 힘, 우정을 통해 서로를 변화시켜 가는 과정을

친구가 된다는 건 서로가 서로를
변화시킨다는 걸 내포합니다.
단순히 의견을 교환하고 정보를 교류할 뿐이라면,
그냥 '아는 사람'이지 친구라고 할 수 없습니다.

아주 코믹하고도 짠하게 보여 주지요.

왕양명의 말처럼, 앎은 "천하 공공의 것"입니다. '나만의 것'이라고 주장할 수 있는 앎은 없다는 것입니다. 다시 말해, 사적 소유가 불가능하다는 거죠. 우리는 모든 것을 '사적으로' 소유하지 않으면 안 되는 시대에 살고 있습니다. 그러다 보니 모든 것에 '소유권'을 붙이는 것이 자연스럽게 여겨집니다. 이건 '내 생각', 저건 누구의 생각, 또 저건 누구의 생각……. 그렇게 생각을 내 것과 남의 것으로 구분할 수 있다고 여기고, 나의 지식은 나의 소유라고 믿습니다. 이런 믿음 하에서는, 앎의 교류에 언제나 '돈'이 매개가 됩니다. 나는 돈을 주고 너의 지식을 산다, 너는 너의 지식을 돈을 주고 팔아라, 이런 식이죠. '특허권'이라든가 '저작권'은 이런 생각을 바탕에 깔고 성립된 개념들입니다.

원주민들에게는 저마다 오랫동안 전승되어 온 앎들이 있습니다. 예컨대, 배탈이 나면 어떤 식물을 먹으면 된다든지, 상처가 나면 어떻게 치료해야 한다든지, 자연재해가 나면 어떻게 피해야 한다든지 등에 대한 것들을 따로 배우지 않아도 그냥 아는 거죠. 하지만 '근대적 지식'은 이런 앎들을 무시합니다. 그 식물에 어떤 성분이 있어서 배탈을 낫게 하는지, 그 물질의 어떤 작용이 상처를 치유하는지를 '과학적으로' 밝힐 수 있어야 아는 것이라고 믿기 때문입니다. 그래서 누구나가 공유하던 치료 식물에 특허권을 매기고는 원주민들의 접근을 차단하는 일이 비일비재합니다. 너는 모르는 걸 나는 아니까, 이건 이

제부터 내 꺼다! 이런 식으로 '특허권'을 성립시키는 것이죠.

'저작권'의 경우도 비슷합니다. 근대 이전에는 누군가의 말을 인용할 때 굳이 따로 인용을 밝히지 않았습니다. 이건 『맹자』에서 가져왔군, 이건 『장자』를 변형한 문장이로군, 하는 식으로 알 만한 사람들은 어차피 알 테니까요. 더군다나 하늘 아래 오롯이 '내 것'이라고 할 만한 생각이 있을까요? 아무리 독창적인 생각이라도 다른 누군가의 생각에서 비롯되었을 것이고, 나도 모르게 누군가의 문장을 기억해 두었다가 글에 적곤 했을 겁니다. 때문에 글에 소유권을 매길 수 있다고는 생각도 할 수 없었던 것이죠. 글은 많은 사람이 읽을수록, 노래는 많은 사람이 부를수록 좋은 겁니다. 앎은 많은 이들에게 전달되고, 앎에서 오는 기쁨은 빠르게 전염이 되면 좋은 것이구요. 현 상황이 예전과 다르기 때문에 과거로 돌아가자고 말할 수는 없습니다만, '앎은 천하 공공의 것'이라는 선현들의 생각은 깊이 생각해 볼 필요가 있습니다.

성인(聖人)이라 불리는 붓다, 그리스도, 공자, 소크라테스의 공통점이 뭘까요? 위대한 생각들로 인류에게 막대한 영향을 끼쳤지만, 정작 글은 한 줄도 남기지 않았다는 사실입니다. 그건 그들이 책상이 아니라 길 위에 있었기 때문입니다. 길이 있으면 있는 대로, 없으면 만들어 가면서, 그들은 길에서 만나는 사람들에게 자신의 깨달음을 전달했습니다. 그들의 말에 감화된 자들은 그들을 따라 같이 걸었지요.

아무도 강요하지 않았고, 누구도 의도하지 않았지만, 그렇게 그들은 '배움의 집단'을 이뤘습니다. 그 속에서 서로의 행동을 배우고, 서로를 질책했으며, 서로의 생각을 깊이 공유했습니다. 직업도, 계층도, 성별도, 나이도 저마다 다른 각양각색의 사람들이 서로의 앎을 나누고 서로의 기쁨을 감염시키면서 말이에요.

"소크라테스는 연단에 올라가 청중에게 설교하지 않았다. 그는 스승의 자리에 앉지도 않았다. 토론 시간이나 제자들과의 산책 시간을 정해 놓지도 않았다. 그는 시시때때로 제자들과 농담을 하면서 철학을 했다. 술을 마시면서, 전쟁터에서, 아고라에서 제자들과 어울리면서, 나아가 감옥에 끌려가고 독배를 들이키면서도 그는 철학을 했다. 소크라테스는 어떠한 시공간에서든 우리에게 닥치는 모든 일, 우리가 하는 모든 일을 통해 일상의 삶이 철학의 기회를 제공하는 것을 보여 준 최초의 인물이다."

— 플루타르코스

소크라테스는 타고난 추남에 가진 것도 없이 늘 남루한 차림이었지만 젊은 지식인들을 매료시켰습니다. 앎과 실천을 통해서요. 붓다와 그리스도와 공자 역시 그러했습니다. 사람들이 그들을 추종한 건 그들이 '멋진 신세계'를 보여 주었기 때문이 아닙니다. 나를 믿으면 모든 걸 주겠다고 유혹하는 대신, 그들은 우리 스스로가 강해지는 법을 가르칩니다. 이웃을 사랑하라, 모든 것은 영원하지 않다, 자신을 고집하지 말라, 권력에 굴복하지 말라 같은, 우리 모두가 알고 있다고 믿지만 깊이 생각하지 않거나 실천하지 못하는 진리들을 통해서요. 성인들을 따르는 이들이 다양한 것은 이 때문입니다. 부자든 빈자든, 많이 배운 사람이든 못 배운 사람이든, 백인이든 흑인이든 할 것 없이, 모든 인간에게 주어진 문제는 비슷합니다. 어떻게 하면 행복하게 살아갈 수 있을까?

누구도 홀로 존재할 수는 없습니다. 행복하고자 한다면 더욱 그렇습니다. 사람은 다른 사람과의 신체적, 정신적 교감을 통해서만 성장할 수 있지요. 때로는 그 과정에서 상처를 주고 또 받기도 하지만, 그럼에도 불구하고 타인과 함께 살아가지 않으면 아무것도 소용없습니다. 부도, 지식도, 명예도, 그 모든 걸 다 가지더라도, 혼자 있는 이에게는 슬픔이 지배적일 수밖에 없지요. 또한 배움은 '다름'에서 발생합니다. 자기와 살아온 배경이나 지적 수준이 다른 사람으로부터 더 많은 것을 배울 수 있습니다. 비슷한 것들은 비슷한 것밖에 낳지 못하지만 서로 다른 것들끼리는 더 다양한 것들을 낳을 수 있는 법이니까요. 이런 점에서 보면, 비슷한 생활 수준과 비슷한 성적과 비슷한 성장 배경을 가진 아이들끼리 무리 지어 다니는 건 거의 종적(種的) 재앙에 가깝다고 하겠습니다.

마그리트의 그림을 보세요. 저 이상한 생물은 뭘까요? 새처럼 보이기도 하고 나뭇잎처럼 보이기도 하지요? 아마도 '괴물'이라고 소리치고 싶을지도 모르겠습니다. 그런데 마그리트는 저것이야말로 '자연의 은총'이라고 생각합니다. 서로 다른 것들의 결합, 다른 힘들의 교류, 다른 생각의 충돌이 이토록 다이나믹한 세계를 이루고 있는 것이지요. 비슷한 것들만 있었다면 세상은 벌써 지루해서 폭발해 버리고 말았을 겁니다.

세상에는 우리와 비슷한 것보다는 우리와 다른 것이 훨씬 많습니다. 게다가 나와 다른 것들, 이를테면 공기, 물, 불, 흙, 나무, 벌레 같은 것들이 나를 이루고 나의 신체를 성장시킵니다. 마찬가지로, 우리의 정신을 성장시키는 것 역시 나와 다른 것들입니다. 우리는 21세기를 살아가지만, 100년 전, 2천 년 전의 생각들이, 아니 그보다 훨씬 전에 지구에 생겨난 어떤 생명체의 생각들이 우리를 이루고, 더 나아가 지금 우리의 생각들을 넘어서도록 도와줍니다.

배움에 필요한 건 '소림축구단'의 오합지졸들 같은 '서로 다른' 친구들과 스승들입니다. 각자의 콤플렉스, 각자의 재능, 각자의 따뜻함, 각자의 무기를 가진 친구들, 서로가 서로에게 선물이 되는 그런 친구들이요. 앎은 그런 친구들과 함께할 때 더욱 풍부해지고, 배움의 기쁨은 그런 친구들로 인해 더욱 커집니다. 스승 또한 자신의 지식을 전달하고 설명하는 자가 아니라 우리 자신을 해방시키는 자입니다. 우

서로 다른 것들의 결합,
다른 힘들의 교류, 다른 생각의 충돌이
우리의 정신을 성장시킵니다.

르네 마그리트, 「자연의 은총」, 1952

리의 무지와 나약함을 일깨우고, 우리가 있는 자리를 보게 함으로써 우리 스스로가 배움의 여정을 시작할 용기를 주는 자이죠. 배우려는 자들, 알고자 하는 자들에게는 도처에 스승이, 친구가 있습니다.

우리는 왜 알고 싶어 하는 걸까요? 지금까지 저는 이 질문 하나를 가지고 앎이 무엇인지, 앎은 어떻게 구성되는지, 앎이 주는 기쁨이 무엇인지를 얘기했습니다. 알고 싶어 하는 데는 수많은 이유가 있겠지만, 무엇보다도 알기 위해 배움의 길을 떠나는 자들만이 그 여정에서 친구들을 만날 수 있기 때문입니다. 기쁨을 전염시킬 수 있기 때문입니다. 또 다른 나이기도 하고, 나와 전혀 다른 세계이기도 한 친구. 그 마주침을 통해서만 우리는 자신을 벗어나 말할 수 없는 기쁨에 도달할 수 있습니다. 세상 모든 길 위에서 모든 존재와 친구하며 미지의 앎들을 내려받고(download) 올리는(upload) 여행자, 그거야말로 진정한 '굿 다운로더'가 아닐까요?

1

무지(無知)에 저항하라

'디폴트(default) 값'에 대해 들어 보셨을 겁니다. 프로그램 사용자가 별도로 값을 설정하지 않아도, 이미 컴퓨터 시스템 자체에 내장되어 있는 '초기 설정 값'을 말하죠. 저처럼 기계 조작에 서툰 사람들은 웬만해선 '디폴트 세팅'을 그대로 유지합니다. 간단한 설정 하나만 바꾸려 해도 머리가 아프거든요. 그러니 차라리 정해진 세팅에 길들여지는 쪽을 택하는 것이죠. 주변에 포진한 컴퓨터의 달인들이 이러저러하게 값을 재설정하면 쓰기가 훨씬 편하다고 조언을 해 줘도 이상한 똥고집을 부리며 초기 설정을 고수합니다. 왜? 간단합니다. 모르는 게 더 편하기 때문입니다. 그런데 생각해 보면, 삶에 대해서도 우리는 이 '디폴트 세팅'을 고수하는 경향이 있는 듯합니다.

사람마다 타고나는 것들이 있습니다. 이를테면 기질(氣質)과 성정 (性情), 욕망의 지향성, 일을 처리하는 리듬, 건강함과 병약함 등은 어느 정도 타고나는 것들이죠. 물론 살아가면서 바뀌는 경우도 더러 있지만, 그게 그렇게 쉬운 일은 아닙니다. 그래서 사람들은 대개 걸려 넘어진 데서 또 걸려 넘어지는가 하면, 한참을 갔다고 생각했는데 다시 같은 자리인 경우도 허다하지요. 인간관계도 익숙한 걸 반복하는 경우가 많고, 욕망하고 의지하는 걸 멈추려 해도 정신을 차리고 보면 결국 같은 걸 욕망하고 의지하는 자신이 거기 있습니다. 그러기를 몇 차례 반복하고 나면, '다 귀찮아!'라는 체념과 자포자기 상태에 빠지거나, 아니면 '인생 뭐 있어? 그냥 가는 거야!'라는 허세 속에 자신을 숨기게 됩니다. 이런 경우들이 바로 인생의 '디폴트 세팅'을 고수하는 경우라 할 수 있습니다. 그 이유 역시 마찬가지입니다. 애써서 바꾸기보다는 그냥 '생긴 대로' 사는 게 더 편하기 때문입니다.

누구도 모든 걸 완벽하게 가질 수는 없습니다. 어딘가는 부족하고 어딘가는 넘치게 마련이죠. 그 자체는 좋지도 나쁘지도 않습니다. 아니, 좋기도 하고 나쁘기도 하지요. 부족하기 때문에 노력하게 되고, 넘치기 때문에 조심하게 되니까요. 하지만 누구나 그런 건 아닙니다. 경험을 통해 자신의 부족함과 넘침을 똑바로 볼 수 있는 사람들만 그럴 수 있지요. 그런 사람들은 경험을 할 때마다 자기 인생의 '디폴트 세팅'을 조금씩 수정해 나갑니다. 물론 저절로 되는 건 아닙니다. 자신의 경험을 통찰하고 경험을 겪어 내는 힘을 키우기 위해서는 인류의 스승들이 남긴 지혜가 필요합니다. 그 지혜를 통해 경험을 들여다

보고, 거기서 다시 새로운 질문을 길어 내고, 그 질문을 틀어쥐고 또 다른 지혜를 찾아가는 과정에서 우리의 마음과 몸은 좀 더 유연하게 단련되지요. 이거야말로 무지(無知)를 깨는 앎의 과정이 아닐까요? 물론, 인생의 디폴트 세팅을 완전히 바꿀 수는 없습니다. 하지만, 이 설정 값을 우리 자신에게 더 '좋은' 방식으로 바꾸어 갈 수는 있습니다. 어떻게? '귀차니즘'에 굴복하지 않고, 무지의 편안함에 길들여지기를 거부함으로써!

생각하던 대로만 생각하고 늘 가던 길로만 가는 것은, 아무것도 생각하지 않고 아무 데도 가지 않는 것과 같습니다. 듣고 싶은 소리만 듣고 늘 하던 말만 하는 것 역시 아무것도 듣지 않고 아무것도 말하지 않는 것과 다를 게 없지요. 무지란 다른 게 아닙니다. 바로 그게 무지인 것이죠. 안다는 것은, 또는 알고자 하는 것은 그 무지에 저항하는 것입니다. 생각 없이 사는 것, 모험 없이 사는 것, 자기밖에 모르고 사는 것, 그런 무지와 어리석음에 저항하는 것입니다.

스피노자에 따르면, 세상의 권력이 의존하는 것 역시 무지입니다. 무지를 고수할수록 자유의 영토는 황폐해집니다. 전쟁과 학살, '문명'의 이름으로 자행되는 자연에 대한 약탈 역시 모두 '무지'에 기대어 이루어지는 것이지요. 따라서 안다는 것은 단순히 지식을 입력하는 게 아니라 우리의 지식 자체를 문제 삼는 것입니다. 우리의 지식은 어떻게 이루어졌는가? 이 지식들을 누가, 어떻게 사용하고 있는가? 이

지식이 우리를 속박하는가, 아니면 자유롭게 하는가? 우리 자신을 해방시키지 못하는 앎, 다른 사람들에게로 전염되지 못하는 앎은 무지의 또 다른 이름일 뿐입니다.

우리는 '왜' 알고 싶어 하는 걸까요? '왜' 이야기하고, '왜' 싸우고, '왜' 사랑하고, '왜' 아프고, '왜' 두려워하는 걸까요? '왜?'라고 질문하는 것은 명령어에 동의하지 않는 것입니다. 무지에 머무르기를, 무지한 채로 같은 것을 반복하기를 거부하는 것입니다. '왜?'라고 질문하는 순간, 우리 앞의 '디폴트 세팅'이 흔들리기 시작합니다. 무언가, 아주 미세하지만 분명한 변화가 일어나기 시작하는 순간입니다.

2

사랑도 배워야 한다

안다는 것과 의지한다는 것, 욕망한다는 것은 어떻게 다를까요? 우리는 당연한 듯 말합니다. 의지가 없었던 건 아닌데 본능에 굴복하고 말았어……. 나도 내 욕망을 어쩔 수 없었어……. 알지만, 그것을 원하지는 않아……. 이런 어법 속에는, 인식과 의지와 본능과 욕망이 명확하게 구분되어 있지요. 알지만 의지하지 않을 수도, 욕망하지만 의지로 제압할 수도 있다고 생각하는 겁니다. 그래서 의지가 강한 인간은 최고의 인간이라 여기는 반면, 욕망에 이끌리는 인간은 나약하고 무력한 인간이 되고 맙니다. 하지만 니체는 이런 상식을 비웃습니다.

니체의 말을 인용하면, 인식한다는 것은 낯선 것이나 의심스러운 것에서 우리를 불안하게 만들지 않는 어떤 것을 찾아내려는 '의지'입니다. 간단히 말해, 낯선 것을 친숙한 것으로 소급하려는 것, 그게 '인식'이라는 얘기죠. 우리는 대체로 친숙한 것을 좋아합니다. 친숙한 것이란 더 이상 경탄을 자아내지 않는 것, 우리가 묶여 있는 규칙, 집이나 일상처럼 우리가 편안하게 느끼는 모든 것을 말합니다. 그러니까 우리는 무언가를 지금 느끼는 대로 생생하게 파악하는 게 아니라 시든 채소처럼 생기 없이 인식한다는 겁니다. 친숙한 것 속에서 편안하게 머물기를 의지하고 욕망하기 때문입니다. 달리 말해, 낯선 것들과 마주칠 때 겪어야 하는 감각의 모험과 정서의 출렁임, 기존에 알고 있던 것과의 혼돈을 피하고 싶어 하기 때문입니다. 니체는 이처럼 모든 인식에는 충동과 의지, 욕망이 수반된다고 생각했습니다.

자, 지금까지 한 번도 들어 본 적 없는 낯선 음악이 들려온다고 가정해 볼까요? 두려움과 신기함, 흥미와 반발심이 막 뒤섞이면서 몸도 정신도 요동치기 시작합니다. 내 감각과 음악 지식을 풀가동해 보지만, 그럴수록 뒤죽박죽, 속은 메스껍고 도망치고 싶은 마음이 간절해집니다. 니체는 말합니다. 음악을 들으려면 낯선 소리를 견뎌 내려는 노력과 의지를 통해 듣는 법을 배워야 하며, 그 생소함과 기이함을 부드러운 마음으로 받아들이고, 마침내 그것에 친숙해지고 그 앞에서 겸손해져야 한다고요. 우리는 이런 식으로 모든 것을 사랑하는 법을 배워야 한다고 말입니다.

"우리가 지금 사랑하고 있는 모든 것에 대한 사랑도 우리는 그런 방식으로 배워 왔다. 결국 우리는 생소한 것에 대해 선의와 인내, 공정함과 온후함을 베푼 보상을 받게 된다. 생소한 것이 천천히 자신의 베일을 벗고 말할 수 없이 새롭고 아름다운 자신의 모습을 드러내는 것이다. 이것이 우리의 친절에 대해 그것이 보내는 감사다. 자기 자신을 사랑하는 사람도 이런 길을 거쳐 사랑을 배웠을 것이다. 그 외의 다른 길은 전혀 없기 때문이다. 우리는 사랑도 배워야만 한다."

– 니체, 『즐거운 학문』에서

니체 식으로 말하면, 무언가를 안다는 건 그것을 사랑하는 법을 배우는 것입니다. 사랑한다는 건 그것의 친숙함이 아니라 생소함을 받아들이는 것이요, 낯선 힘 앞에서 도망치지 않는 것입니다. 그리고 그건 결국 자신을 변화시키는 것입니다. 하여, 무언가를 사랑하는 법을 배우는 자는 마침내 자신을 사랑하는 법을 배우게 됩니다. 자신의 충동과 욕망을 혐오하고 억누르려 하는 대신, 앎의 과정에 그 모든 것들이 한꺼번에 작동한다는 사실을 받아들이게 되는 것이죠. 우리가 알고자 하는 것이 바로 우리가 욕망하는 것이고, 욕망하는 만큼 우리는 알게 됩니다. 때문에 저 바람, 저 하늘, 저 나무 들과 함께 살기를 욕망하는 자의 앎과 세상을 독차지하려는 포식자의 앎이 다를 수밖에 없는 것입니다.

알고 싶으신가요? 그렇다면 사랑하는 법을 배우세요. 자신을, 자신과 더불어 살아가는 모든 '낯선 것'을 사랑하는 법을. 사랑하는 법을 모르는 '똑똑이'야말로 가장 불행한 '헛똑똑이'입니다.

3

인간은 노력하는 한 방황한다

시공간이 달라졌다는 생각을 종종 합니다. 언어와 감성, 생각하는 방식, 마음의 속도가 전과는 비교할 수 없이 달라졌습니다. 당연합니다. 하나가 변하면 같은 시공간에 있는 모든 것들이 함께 변하는 법이니까요. 솔직히 말하면, 컴퓨터와 스마트폰이 없는 시대를 상상할 수 없다는 지금 세대를 저로서는 이해하기가 어렵습니다. 웹상에서 친구를 만들고, 네트워크를 통해 친구를 모으며, 그 세계에서 즐거움을 찾고, 그 세계 속에 자신의 존재를 남기고 싶어 하는 '엄지세대'가 저한테는 무척 낯설게 느껴지거든요. 그래서 한동안은 개탄스러웠습니다. 저래 가지고서야 어찌 제대로 살아갈 수 있을까, 공연히 한숨만

내쉬었더랬죠.

하지만, 문득 이런 생각이 들었습니다. 세상은 언제나 변해 왔고, 변하고 있고, 변해 갈 것이다. 오직 변할 뿐, '더 좋게' 혹은 '더 나쁘게' 변한다고는 누구도 단언할 수 없다, 하는 생각들이요. 나의 세대 또한 이전 세대와는 다르게 변하지 않았는가. 하여, 저는 세계를 믿기로 했습니다. 시시각각 변화하는 상황 속에서 앎들은 계속 구성될 것이고, 그중 어떤 앎은 인간을 구속할 것이지만 또 어떤 앎들은 인간을 해방시킬 것입니다. 지금까지 그랬던 것처럼 세상은 썩 좋지 않은 상태일 것이고, 그리하여 누군가는 질식할지도 모르지만 누군가는 분명 거기서 새로운 출구를 모색하고 탈주로를 찾을 것입니다. 디지털 문화가 인간의 신체와 영혼을 지배하고, 로봇이 인간의 노동을 대신하고, '빅 브라더'가 인간의 일거수일투족을 감시하고, 그리하여 설령 인간이 한없이 무용하고 무력해지는 때가 오더라도, 바로 거기서 또 누군가는 알고자 할 것이고, 알기 위해 모험할 것이며, 새로운 앎을 구성하면서 저항할 것입니다. 앎도, 인간도, 모든 관계도 변하겠지요. 그럴진대, 미래의 변화에 대해 지레 겁먹을 필요도, 그렇다고 호들갑스럽게 낙관할 필요도 없습니다. 그저 지금 우리가 할 수 있는 것을 할 뿐입니다.

'아는 것이 힘'이라는 말이 있는가 하면, '아는 게 병'이라는 말도 있습니다. 무언가를 안다는 건 단순히 '지적 능력'에 국한되지 않고 현실에 어떤 작용을 가한다는 걸 의미하는 것이겠지요. 우리가 인식하는 세계란 우리의 앎을 통해 '해석된' 세계입니다. 세계의 본질 같은 건 따로 존재하지 않습니다. 그렇다고 세계가 전부 가상(假想)이라고 생각해서도 안 됩니다. 해석하는 행위 자체가 이미 생생한 체험을 바탕으로 하는 이상, 모든 해석된 것은 충분히 현실적입니다. 다만, 그 현실은 시시각각 생동(生動)합니다. 우리의 상식과 전제에 현실을 가둬선 안 되는 이유가 여기에 있습니다. 알고 싶으신가요? 그렇다면 세계를 충분히 믿어야 합니다. 우주의 부단한 변화를, 생성과 소멸의 동시성을, 그 안에서 모든 것과 '더불어' 살아가는 우리 자신을요.

"인간은 노력하는 한 방황한다." 괴테가 『파우스트』에서 한 말입니다. '노력하지만 방황한다'가 아니라 '노력하는 한 방황한다'고 했습니다. 무언가를 하고자 하는 인간은 필연적으로 길을 잃고 헤맬 수밖에 없습니다. 알고 싶어 하는 순간, 그대들의 방황도 시작될 겁니다. 하지만 겁먹을 필요 없습니다. 방황하는 게 인간이고, 방황 끝에서야 비로소 어렵사리 무언가를 알게 되는 게 인생이니까요. 그러니 부디, 열렬히 욕망하시고, 죽도록 방황하시길!

사람은 왜 02 앎
사람은 왜 알고 싶어 할까

2015년 1월 26일 처음 찍음 | 2020년 9월 5일 네 번 찍음

지은이 채운
펴낸곳 도서출판 낮은산 | 펴낸이 정광호 | 편집 강설애 | 디자인 박대성 | 제작 정호영
출판 등록 2000년 7월 19일 제10-2015호
주소 04048 서울시 마포구 어울마당로5길 16 반석빌딩 3층
전화 02-335-7365(편집), 02-335-7362(영업) | 팩스 02-335-7380
홈페이지 www. littlemt.com | 이메일 littlemt2001ch@gmail.com | 트위터 @littlemt2001hr
제판·인쇄·제본 상지사 P&B

© 채운, 2015

ISBN 979-11-5525-029-7 44120
ISBN 979-11-5525-027-3 44080 (세트)

이 도서의 국립중앙도서관 출판예정도서목록(CIP)은 서지정보유통지원시스템 홈페이지(http://seoji.nl.go.kr)와
국가자료공동목록시스템(http://www.nl.go.kr/kolisnet)에서 이용하실 수 있습니다. (CIP제어번호 : CIP2015001850)